CHINESISCHE TIERKREISZEICHEN

herausgegeben von
Patrick Ravignant

DRACHE

1904 · 1916 · 1928 · 1940 · 1952
1964 · 1976 · 1988 · 2000

von
Catherine Aubier

unter Mitarbeit von
Josanne Delangre

Deutsche Erstveröffentlichung

WILHELM HEYNE VERLAG
MÜNCHEN

HEYNE TIERKREIS-BÜCHER
Nr. 14/233

Titel der französischen Originalausgabe
ZODIAQUE CHINOIS
LE DRAGON
erschienen bei M. A. Editions, Paris
Deutsche Übersetzung von Jutta Hein

7. Auflage
(2. Auflage der überarbeiteten Neuausgabe)

Printed in Germany 1996
Bildnachweis: Privatarchiv Catherine Aubier und J. B. Duméril; Nghiêm Toan/
Louis Ricaud, Collection Unesco; Vever Collection, Jack Millier, Band 1, 2, 3
(Sotheby Parke Bernet, 1976); Gale Catalogue of Japanese Paintings and Prints,
Jack Millier (Sanders-Valansot Publication, 1970)
Umschlaggestaltung: Atelier Bachmann, Reischach
Satz: Schaber, Wels
Druck: Pustet, Regensburg

ISBN 3-453-06690-1

INHALT

VOM UMGANG MIT DIESEM BUCH

Jedes Kapitel dieses Buches bietet Ihnen eine besondere Möglichkeit an, Ihre Persönlichkeit im Rahmen des chinesischen Horoskops anzusiedeln. Diese unterschiedlichen Perspektiven ergeben einen erweiterten Gesichtspunkt, der sich abwechslungsreich und einfühlsam mit den Hauptrichtungen Ihres Charakters, Ihres Verhaltens und mit den großen Linien Ihres Schicksals befaßt.

I

Welches sind die besonderen Charakteristiken Ihres chinesischen Sternzeichens, das von Ihrem Geburtsjahr bestimmt wird? (S. 23 ff.)

II

Welches ist Ihr Weggefährte, das heißt das Zeichen, das durch Ihre Geburtsstunde bestimmt wird? (S. 63 ff.)

III

Welches ist Ihr Element (Erde, Wasser, Feuer, Holz, Metall), und welche Charakteristiken hat es? (S. 77 ff.)

IV

Die Synthese Ihres chinesischen und Ihres westlichen Sternzeichens (Widder, Stier usw.) liefert zahlreiche Nuancen, mit denen sich Ihr psychologisches Porträt einfühlsam umreißen läßt. Schlagen Sie unter dem Mischtyp nach, zu dem Sie gehören. (S. 106 ff.)

V

Das astrologische I-Ging-Spiel wendet das antike taoistische Buch der Wandlungen auf jedes chinesische Sternzeichen an. Es bietet Ihnen die Möglichkeit, Fragen zu allen Sie betreffenden Problemen zu stellen – alltäglichen und allgemeinen –, und Sie bekommen ein Ihrer Situation entsprechendes Orakel. (S. 121 ff.)

DIE GEHEIMNISSE DER CHINESISCHEN ASTROLOGIE

所固不可。然聖人如此說、便是有此理。問死者魂氣既散、而立

須聚得些子氣在這裏否。曰、古人自始死、弔魂復魄、立重設主、

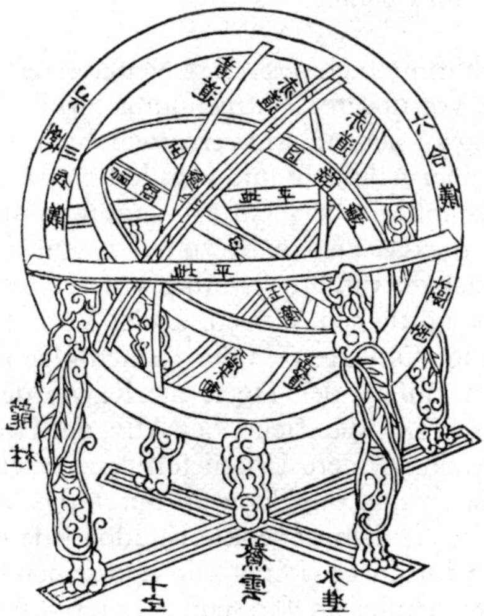

Die Legende von Buddha

Zu einem bestimmten chinesischen Neujahrsfest, mehr als fünf Jahrhunderte vor unserer Zeitrechnung, lud Buddha alle Tiere der Schöpfung zu sich ein und versprach ihnen eine Belohnung als Zeichen seiner Allmacht und wunderbaren Güte. Den Geist von Tagesgeschäften überschattet – sagt man nicht im Orient, das Typische für das Tier sei es, zu fressen, zu schlafen, sich zu paaren und sich zu fürchten? –, mißachteten fast alle die Aufforderung des göttlichen Weisen. Zwölf Vertreter waren dennoch anwesend. Es waren, in der Reihenfolge ihrer Ankunft, die Ratte, der Büffel, der Tiger, die Katze, der Drache, die Schlange, das Pferd, die Ziege, der Affe, der Hahn, der Hund und das Schwein. Andere Überlieferungen ersetzen die Katze durch den Hasen und das Schwein durch das Wildschwein.

Um ihnen zu danken, schenkte Buddha jedem der Tiere ein Jahr, das ihm fortan gewidmet sein und seinen Namen tragen sollte. Es sollte erfüllt sein von seinem Symbolismus und seinen besonderen psychologischen Tendenzen, und es sollte von Zeitalter zu Zeitalter den Charakter und das Verhalten der Menschen prägen, die in diesem Jahr geboren werden.

So entstand der Zyklus von zwölf Jahren, der sich nach Reihenfolge und Rhythmus dieser fantastischen Tierversammlung richtet. (Man kann sich die schwindelerregende Arbeit der Astrologen vorstellen, wenn alle Tiere dem Appell gefolgt wären!)

Soweit die Legende.

Ein Mondzyklus

In Wirklichkeit ist die chinesische Astrologie viel älter als die Entwicklung des fernöstlichen Buddhismus, der sich erst im 5. Jahrhundert christlicher Zeitrechnung etablierte, also rund 1000 Jahre nach dem irdischen Auftritt des Buddha Gautama. Die Astrologen aber übten ihre Kunst in China schon zehn Jahrhunderte vor Christus aus. Die Ursprünge dieser Astrologie sind allerdings ebenso umstritten wie uralt.

Ein Punkt ist unanfechtbar. Im Gegensatz zum Westen, der eine Sonnen-Astrologie geschaffen hat, die auf den Wanderungen der Sterne von Monat zu Monat in den Tierkreiszeichen basiert, hat der Ferne Osten eine Mond-Astrologie aufgebaut, die auf den jährlichen Mondwechseln beruht. Deshalb fällt das asiatische Neujahrsfest niemals auf dasselbe Datum (s. Übersicht auf S. 138).

Die Mondphasen sind auch für westliche Astrologen wichtig, aber ihre Bedeutung und die Folgerungen sind nicht zu vergleichen, da sie sich nicht in denselben Zusammenhang und dasselbe Wechselspiel einordnen.

Ohne in allzu wissenschaftliche Betrachtungen zu verfallen – die sich bei der Vorbereitung dieses Buches ergaben –, erinnern wir uns einfach an die offensichtlichen und vielfältigen Einflüsse des Mondes auf die physikalischen Gesetze, auf Ebbe und Flut, auf subtile Lebensregungen des Körpers, auf die Menstruation bei der Frau und auf die geheimnisvollen Tiefen der seelischen Struktur. Der Begriff »mondsüchtig« hat eine sehr treffende Bedeutung, sogar im klinischen Sinn. Statistische Erhebungen machten zum Beispiel ein merkwürdiges, auffälliges Ansteigen von Gewalt und blutiger Kriminalität bei Vollmond deutlich.

Andererseits haben genaue Experimente den Einfluß unseres Trabanten auf die chemische Zusammensetzung bestimmter Körper aufgezeigt, deren Molekularstruktur verändert werden kann, je nachdem, ob sie dem Mondlicht ausgesetzt werden oder nicht.

Die Nuancen

Jetzt sind wir also bei unseren zwölf Tierzeichen der östlichen Astrologie. Kann man sagen, daß alle Personen, die das Licht der Welt in einem Jahr der Ratte oder des Pferdes erblickt haben, auch denselben Charakterformen und Schicksalen unterworfen sein werden? Nicht mehr als Widder- oder Waage-Geborene, die auch nicht alle auf dieselbe Anordnung im Tierkreis zu reduzieren sind.

In unserer westlichen Astrologie erlauben es die Planetenpositionen, die Berechnung des Aszendenten, der Himmelsmitte und der Häuser, einen Bereich beachtlich zu verfeinern und individuell zu gestalten. Genauso bekommt man in Asien Ergebnisse von außerordentlicher Genauigkeit und Vielfalt, wenn man zu den Ausgangspositionen Faktoren hinzunimmt wie den Weggefährten, der durch die Geburtsstunde bestimmt wird (nicht zu verwechseln mit dem Aszendenten), und das vorherrschende Element, bezogen auf die fünf Elemente Erde, Wasser, Feuer, Holz, Metall.

Dieser dreifache Gesichtspunkt – Tierzeichen, Weggefährte, Element – liefert dem Leser eine Vielfalt von zusätzlichen Informationen, eine Menge von umfangreichen, genauen Perspektiven, denen wir eine Übersicht über die Beziehungen zwischen chinesischen und westlichen Sternzeichen hinzugefügt haben. So unterschiedlich, jedoch nie widersprüchlich, diese

Der weise Konfuzius

beiden Formen der Astrologie von Natur aus sind, kann ihre Annäherung und Verbindung doch zu einer Vertiefung der psychologischen Typisierung führen.

Wenn die Analogie auch einen hervorragenden Platz in der chinesischen Astrologie einnimmt, muß man doch deutlich darauf hinweisen, daß sie weder dieselbe Bedeutung noch dieselbe eigenständige Tragweite wie bei uns im Westen hat.

Jedes chinesische Zeichen ist ein Universum in sich, ein kleiner Kosmos mit eigenen Gesetzen und Wirkungskreisen und völlig unabhängig von den anderen Zeichen. Als lebendige Kreatur mit spezifischen Kräften und Funktionen entfaltet das Tierzeichen sich auf besondere, eigenständige Weise. Es schafft sich seinen Dschungel, seine Wolke oder seine Höhle, bestimmt seine Maßstäbe, seinen Rhythmus, seine Atmung, sondert seine ureigenste Chemie ab – oder besser, seine Alchemie. Das chinesische Zeichen ist ein weiches, fließendes Bild, das Wandlungen und inneren Widersprüchen unterworfen ist.

Man darf vor allem keinen festen Rahmen suchen, keine festgefügte Struktur, keinen Käfig mit mehr oder weniger ermutigenden geistigen Kategorien und psychologischen Gleichungen, mit denen man ein verängstigtes Ich stärken und stützen kann bei seiner ständigen Suche nach einer tröstlichen, positiven Projektion seiner eigenen Wünsche und Ängste.

Es ist oft unmöglich, die Bezüge, die uns mit unserem chinesischen Zeichen verbinden, in ausschließlichen Formeln und klaren Anordnungen darzustellen.

Das asiatische Symbol verschließt sich nicht, es bietet sich an wie ein Geschenk der Götter, der Zeit und des Mysteriums. Es ist ein köstliches oder ein vergiftetes Geschenk, das der Orientale in jedem Fall mit Ergebenheit annimmt, weil er weiß, daß die Köstlichkeit aus dem Gift entstehen kann und das Gift aus der Köstlichkeit.

Manchmal sind es im Verlauf eines Lebens die Umstände selbst, mehr als der eine oder andere Charakterzug, die die Grundtendenzen eines Zeichens zu fördern und zu verdeutlichen scheinen. Anders gesagt, um einen Drachen oder einen Hahn herum entsteht eine Verkettung größerer oder kleinerer Ereignisse, ein wenig wie eine Begleitmusik, wie ein symphonischer Hintergrund im Stil des Drachens oder des Hahns.

Haben und Sein

Die chinesische Astrologie bewegt und beeinflußt seit Jahrhunderten die Entschlüsse und das Verhalten von Hunderten von Millionen einzelner Menschen in China, Japan, Korea und Vietnam, und das mit einer Intensität, die wir nur schwer ermessen oder überhaupt erkennen können.

Um den Geist besser zu verstehen, in dem die Asiaten diese Praxis mit ihren Alltagsproblemen verbinden, muß man auf einen Hauptpunkt hinweisen, der vermutlich der fundamentale Unterschied zwischen der westlichen und östlichen Zivilisation ist: eine Trennungs- und Demarkationslinie, die so gut wie gar nicht zu überschreiten ist.

In unserer Konsumgesellschaft – ob man sie nun positiv oder negativ sieht – stellt sich die Grundfrage von der Geburt bis zum Tod und in allen Lebensbereichen so: *Was kann ich haben?*

Die Rückkehr zu sich selbst

Erwerben, erobern, besitzen. Haben: materielle Güter, Glück, Chancen, Ehre, Macht, Ansehen, Erfolg in der Liebe, Prestige, Beruf, Familie, Haus, Freunde, vielleicht auch noch Kultiviertheit, Wissen, Gelehrsamkeit. Was kann ich haben, behalten, vermehren?

Das ist die zwingende, ständige Frage, die hinter all unserem Handeln steht.

Man braucht nur an die Vorbilder zu denken, die uns vorgehalten werden: politische Größen, Super-Kaufleute, Show-Stars, gefeierte Künstler und Wissenschaftler, Meister im Sport, Roman- oder Comic-Helden, Idole aller Art. All diese Personen repräsentieren den Triumph und die Glorifizierung des Besitzes. Sie alle können sagen: Ich habe die größte Macht, das meiste Geld, die höchsten Rekorde, ich habe die meisten Diplome und das größte Fachwissen, oder sogar: Ich habe die größte Liebe und – warum nicht auch dieses? – ich erlebe das schlimmste Drama, ich habe die grausamste Krankheit, usw. Die Werteinschätzung richtet sich ausschließlich nach dem, was man hat.

Und auch dieses: Die heutzutage allgegenwärtige Werbung besteht im wesentlichen darin, darauf hinzuweisen, daß man unbedingt diese oder jene Marke, dieses oder jenes Produkt *haben* muß, um etwas zu *sein* – dynamisch, verführerisch, zufrieden, glücklich, überglücklich.

Für den traditionellen Orient ist die entscheidende Frage nicht *Was kann ich haben?*, sondern: *Was kann ich sein?*

Das erstrebte Vorbild ist nicht der große Boß, der Finanz-Supermann, der Held, der Meister aller Klassen, sondern der Weise, der arm und nackt in totaler innerer Freiheit und vollkommener Glückseligkeit lebt. Ihm fallen Prinzen und Herrscher zu Füßen, denn er ist der Inbegriff der bestmöglichen Selbstverwirklichung des Menschen.

Unter diesem Gesichtspunkt sei noch hinzugefügt, daß der Weise auf nichts verzichtet, ganz im Gegenteil. Da er ja die höchste Stufe erreicht hat, ist er unermeßlich viel reicher als die prächtigsten Nabobs. Wir sind es, die mit unseren trügerischen, zerbrechlichen Bindungen, mit unseren kindischen Begierden, unseren nicht endenwollenden Konflikten ständig auf die wunderbarste Glückseligkeit verzichten – auf Gott.

Wer bin ich? Wie auch immer der Zugang und die besonderen Methoden, die Schulen und Sekten sein mögen, diese Frage – anscheinend so einfach und banal – ist die Grundlage und der Schlüssel der gesamten östlichen Kultur, ihrer Wege zur inneren Befreiung, ihrer Pfade zum wahren Wissen, das sich Yoga, Veda, Tantra, Tao nennt, um nur die bekanntesten Richtungen aufzuzählen.

Die subtilen Welten

Unter diesem Gesichtspunkt kann uns das Vorgehen der chinesischen Astrologie verwirrend erscheinen. Der Asiate denkt nicht: Ich *habe* diese und jene Anlagen und Fähigkeiten oder Schwächen, die in meinem Horoskop liegen, sondern eher: Wie kann ich in allen Lebensbereichen ein Tiger, eine Ziege oder ein Hund *sein*?

Die Neigungen und Tendenzen stehen nie mit irgendeinem »haben« im Zusammenhang in dem Sinn, wie wir oft sagen: Ich habe diesen Vorzug oder jenen Fehler. Es handelt sich vielmehr um Richtungen, wozu ein einfühlsames, rhythmisches Vorgehen gehört, eine Art poetischer Schicksalstanz, bei dem jedes Tier seine Gangart, seine Pirouetten und seine Sprünge nach seiner ureigensten Choreographie ausführt.

Diese Nuance sollte jeder sehen, der sich entwickeln will, ohne sich in diesem schillernden, beweglichen Reich zu verirren oder sich im Kreis zu drehen.

Das astrologische I Ging

Im letzten Teil dieses Buches regen wir zu einem Spiel an, das von den Orakeln des I Ging beeinflußt ist und jedem Zeichen angepaßt wurde.

»Das I Ging«, schreibt Alan Watts in seinem Buch über den Zen-Buddhismus, »ist ein Werk des Wahrsagens und enthält Orakel, die auf 64 abstrakten Figuren, jede aus sechs Linien zusammengesetzt, basieren. Es gibt zweierlei Linien: geteilte oder negative und ungeteilte oder positive. Ein moderner Psychologe sah darin eine Analogie zum Rorschach-Test, dessen Ziel es ist, ein geistiges Bild des Menschen zu zeichnen aufgrund der spontanen Ideen, die ihm beim Anblick eines verwischten Tintenkleckses kommen. Der Mensch, der in einem Tintenklecks seine eigenen Vorstellungen entdecken kann, könnte daraus nützliche Ratschläge für sein zukünftiges Verhalten bekommen. Unter diesem Gesichtspunkt darf die Wahrsagekunst des I Ging nicht als schlichter Aberglaube eingeordnet werden.

Ein I-Ging-Spieler könnte darum tatsächlich erhebliche Kritik entdecken an den Methoden, auf die wir uns sonst berufen, wenn wir wichtige Entscheidungen treffen müssen. Wir sind überzeugt, daß unsere Entscheidungen vernünftig sind, weil wir uns auf ein Bündel von Gegebenheiten im Zusammenhang mit diesem oder jenem Problem stützen. Wir verlassen uns sicherlich nicht auf ein Spiel mit Kopf und Zahl. Das könnte jedoch durchaus erforderlich sein, wenn wir wissen, welche Information wirklich wichtig ist. Denn unsere Pläne werden

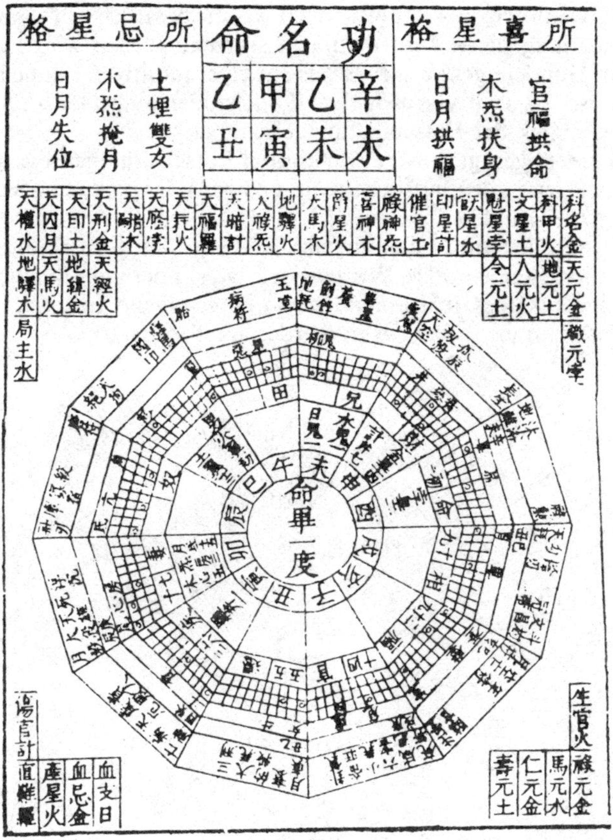

Die Beziehungen der Mondzeichen und -häuser

doch ständig durch ganz unvorhersehbare Ereignisse über den Haufen geworfen. Wenn wir strikt verstandesbetont wären bei der Auswahl der Informationen, die dazu bestimmt sind, unser Verhalten zu lenken, würde das soviel Zeit in Anspruch nehmen, daß der Augenblick zum Handeln längst vorbei wäre, bevor wir die Gegebenheiten ausreichend erfaßt hätten. In der

Tat, wenn wir uns hauptsächlich wissenschaftlich auf die Untersuchung dieser Informationen stürzen, werden wir schnell zum Handeln gezwungen, sei es aus einer intuitiven Laune heraus, sei es, weil wir es leid sind nachzudenken, oder weil der Augenblick der Entscheidung gekommen ist.

Anders gesagt, unsere wichtigsten Entscheidungen basieren vorwiegend auf Eindrücken, auf unserer Fähigkeit, eine Situation zu ›erfühlen‹.

Jeder, der mit I Ging umgeht, weiß das. Er weiß, daß seine Methode keine exakte Wissenschaft ist, sondern ein nützliches und wirksames Instrument, wenn er genügend Intuition hat oder wenn er, wie er sagen würde, ›im Tao‹ ist.«

Versenken wir uns einfach in dieses Märchenuniversum, um unsere Sicht der Welt zu erweitern und die Wahrnehmung unseres eigenen Schicksals zu verfeinern

YIN UND YANG

Yin und Yang ist das Symbol der beiden widerstreitenden und sich ergänzenden Prinzipien, wobei das unauflösbare Spiel und die ständige Metamorphose das Fundament repräsentieren, den Stoff selbst, aus dem das aktive Universum besteht. Sie stellen die ewigen Gegensatzpaare dar, positiv – negativ, ja – nein, weiß – schwarz, Tag – Nacht, voll – leer, aktiv – passiv, männlich – weiblich usw. Jedes enthält das andere im Keim. Darum hat der Mann (Yang) einen weiblichen Teil (Yin) in sich und die Frau (Yin) einen männlichen (Yang).

Das Paar Yin-Yang ist untrennbar und in Bewegung, jeder der beiden Teile wird zum Gegensatz und zur Ergänzung des anderen. So wird die überlieferte Figur dargestellt:

In dem Moment, in dem Yang (weiß, aktiv) auf seinem Gipfelpunkt – bauchiger Teil – ist, tritt Yin (schwarz, passiv) unmerklich an seine Stelle – feingezeichneter Teil – und umgekehrt.

Yin und Yang haben keinerlei »moralische« Qualität. Keins ist dem anderen überlegen oder unterlegen. Ihre Gegensätzlichkeit ist notwendig und genauso wenig konfliktträchtig wie die linke und die rechte Hand, die sich zum Applaus vereinen.

DIE YIN- UND YANG-TYPEN

Die Ratte, der Büffel, die Katze, der Affe, der Hund und das Schwein sind *Yin*.

Der Tiger, das Pferd, der Drache, die Schlange, die Ziege und der Hahn sind *Yang*.

Der Yin-Mensch

Äußere Erscheinung: Der Yin-Mensch ist oft sehr korpulent, von mittlerer Größe und hat eine gut entwickelte Muskulatur. Er erfreut sich einer ausgezeichneten körperlichen Widerstandsfähigkeit und hat eine solide Gesundheit. Er hat oft ein rundes Gesicht, lächelt aber nicht oft.

Psychologie: Der Yin-Mensch ist in erster Linie mit sich selbst beschäftigt, er neigt dazu, sich für den Nabel der Welt zu halten. Selbst wenn sein Verhalten ruhig ist, ist seine Laune doch unausgeglichen und hängt von der Umgebung ab. Er besitzt viel Selbstvertrauen, fürchtet aber den Mißerfolg.

Der Yang-Mensch

Äußere Erscheinung: Von durchschnittlichem Körperumfang, oft rank und schlank; er lächelt gern und liebt die lebhaften Farben. Da er von anfälliger Gesundheit ist, ist es ratsam, daß er lieber vorbeugt als heilt.

Psychologie: Der Yang-Mensch ist ein Individualist, der sich zu der Selbstfindung, der Entwicklung, der Meditation hingezogen fühlt. Er ist intelligent, unabhängig, manchmal eigenbrötlerisch. Er hat keinerlei Sinn für Hierarchien und glaubt an die Freiheit. Er zieht die Einsamkeit und den Kontakt zur Natur den großen Massen vor. Anders als der Yin-Mensch, sucht er sein Gleichgewicht in sich selbst, statt es bei anderen zu finden. (»Tradition astrologique chinoise« von Xavier Frigara und Helen Li, Editions Douglas.)

1. Teil

DIE BEREICHE DES DRACHEN

散了、然他根却在這裏。根既

前波、然却通只是一水波。子

Weiß-Männlich

Der Drache und sein Symbolismus

Von jemandem als »Drache« zu reden, ist nicht gerade ein Kompliment und ruft auch nicht unbedingt Toleranz und Freundlichkeit hervor. Als Hüter ungeheurer Schätze und sagenumwobener Geheimnisse ist dieses Schuppentier das Symbol einer unerbittlichen, schwindelerregenden Macht. Sein Wohnsitz ist im allgemeinen eine unzugängliche Grotte, aber auch ein felsiger, uneinnehmbarer Gipfel kann ihm gefallen. Je gesicherter seine Behausung ist, desto behaglicher fühlt sich der Drache dort – unter der Erde, auf dem Meeresgrund oder in den Wolken. An diesen geheimnisvollen Orten werden die Helden des Mythos ihm einen tödlichen Kampf liefern, denn wer den Drachen zur Strecke bringt, öffnet das Tor zum großen Mysterium, überschreitet die Schwelle zu einer anderen Welt ... Als furchterregendes Tier, das Flammen spuckt und den Boden unter seiner riesigen Masse erbeben läßt, sich mit seinen gezackten, geschwärzten Flügeln in die Lüfte erhebt, in den Wirbel trüber Fluten stürzt, im Sumpfgelände versinkt, zieht er unsere wahnwitzigsten Träume, unsere Angst vor dem Chaos und der Vernichtung in seinem Kielwasser nach sich. Er ist ganz und gar schauerliches Urbild von Grauen und Wahnvorstellungen. Deshalb haben die Menschen zu allen Zeiten das Bild des Drachen in Stein gehauen, um damit ihre Tempel und Kathedralen zu schmücken. Die zwiespältige Ehrerbietung für den Herrn des Erdbebens treibt die ungeheure Kraft des Monstrums aus und kanalisiert sie. In China setzt man den Drachen auf die Hausdächer oder gibt ihm einen Platz über der Tür, damit er alle bösen Geister und Dämonen jeglicher Art fernhält.

Beim vietnamesischen Tet-Fest wird ein Papierdrache durch die Stadt getragen und dann als Symbol des abgelaufenen Jahres verbrannt, das sich wie der Phönix aus der Asche erheben wird.

Die Menschen aller Zeiten haben den Drachen mit einer Mischung aus Furcht, Verehrung und seltsamer Komplizenschaft betrachtet, als sei dieses Geschöpf der schillernde Widerschein, das brausende Echo der verborgensten Tiefen, verschlossensten Räume und der unerreichbarsten Dimensionen der menschlichen Seele. Niedergestreckt vom Erzengel oder in einen Märchenprinzen verwandelt, verkörpert der Drache immer das letzte Hindernis, die äußerste Etappe, die Schlußprüfung vor der Verwirklichung des Ideals, der Inbesitznahme des Schatzes, der esoterisches Symbol der Weisheit und der Erleuchtung ist. Eine kleine, populäre Mythologie in Comic-Form zeigt uns eine humorvolle, liebenswerte Version des zweifelhaften Tieres, und zwar mit Hilfe der Abenteuer von Dracurella. Aus einem von

Monstern und Vampiren bevölkerten Universum stammend, hätte Dracula in Röcken gar keine Daseinsberechtigung, wenn sie nicht von ihrem unzertrennlichen Drachengefährten namens Gri-Grill beschützt würde. Als wahrer Märchenprinz und fanatischer Fernsehfreund hat er seine verbotenen Liebesaffären mit Dracurella im geheimen in einer ansehnlichen, sogar luxuriösen Grotte, die perfekt eingerichtet ist. Dieser Drache hat nichts Wildes. Er ist sogar sehr gesellig, umgänglich und fröhlich. Gleichwohl erscheint unter bestimmten Umständen für den, der die magische Formel kennt, an seiner Stelle ein Prinz aus dem Märchen ...

Wie die Hydra von Lerna wird der Drache oft mit vielen Köpfen dargestellt; sie repräsentieren die bewegte Vielfalt der Triebe und Leidenschaften, die in den Tiefen der Seele wohnen.

Den Drachen der Instinkte besiegen

Diese Köpfe symbolisieren alle Wünsche, die durch das Dunkel des Unbewußten geistern. Es genügt, einen abzuschlagen, damit ein neuer nachwächst. Daher muß man das Herz treffen, die Wurzel des Seins: Den Drachen besiegen, heißt, sich selbst besiegen. Deshalb sagt man vom Drachenblut, es schaffe Unverletzbarkeit und Unsterblichkeit.

In Indien wird der Drache, Urahn der Bewohner von Kaschmir, als einer verehrt, der halb Mensch, halb Drache ist und der großen Mut und unvergleichliche Schönheit besitzt. Um ihn zu ehren, bedeckt man ihn mit Kostbarkeiten, formt ihm eine Krone und schmückt seine Ohren mit goldenen Ringen.

Dieser Drache lebt in einer riesigen unterirdischen Welt voller Paläste, Häuser, Türme und Gärten. Manchmal weilt er auf der Erde. Dann residiert er in den Höhlen unzugänglicher Berge.

Im allgemeinen ist der Drache ein Feind Gottes, dem Menschen aber nicht abgeneigt. Es gibt sogar Legenden von Hochzeiten zwischen Drachen und Menschen. Als Totem der Drawida, der ältesten indischen Sprachgruppe, wird der Drache in unseren Tagen immer noch in allen Dörfern Südindiens und in bestimmten Regionen Kaschmirs verehrt.

Es gibt übrigens eine merkwürdige Entsprechung zwischen diesem asiatischen Kult und der bildlichen Darstellung der Seraphim, die einen außerordentlich wichtigen Platz in der Hierarchie der Engel im Christentum einnehmen und die, wenn sie den Thron Gottes umringen, furchterregenden Formen haben, deren Scheußlichkeit durchaus an den Drachen erinnert. Hier spielt wieder der Begriff der Grenze, der Schwelle mit hinein, denn der Seraph ist ein unüberwindlicher metaphysischer Bewacher des Absoluten.

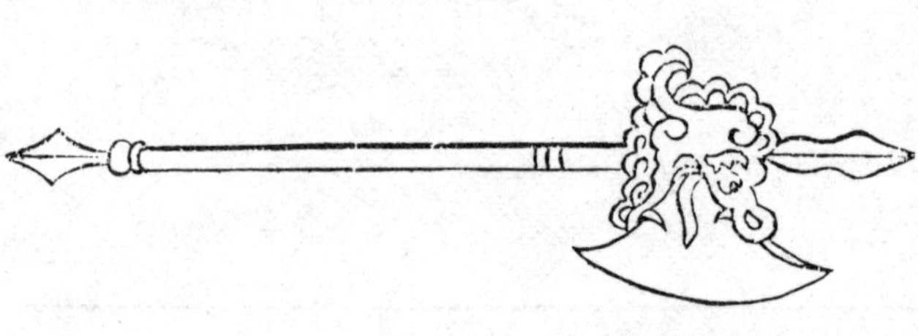

Kurzer Abriß des Drachen

Haupttugenden: aktiv, dynamisch, gewissenhaft und wagemutig.

Hauptfehler: anspruchsvoll, ungeduldig, intolerant.

Bei der Arbeit: Die war eigentlich gar nicht zu schaffen, aber der Drache wußte das nicht und hat sie einfach erledigt.

Seine beste Rolle: Orakel.

Seine schlechteste Leistung: als Diplomat.

Haltung gegenüber dem Geld: Davon hängt das Glück nicht ab. Aber er braucht es, um seine Unabhängigkeit zu erhalten.

Sein Glück: Er hat viel in allen Bereichen. Aber es ist besser für ihn, nicht in stürmischen Zeiten zur Welt zu kommen.

Er kann nicht leben ohne: Weite, Sauerstoff, Aufwand, die geliebte Freiheit.

Er liebt: Wenn man sich in einem Augenblick völliger Hoffnungslosigkeit an ihn wendet.

Er verabscheut: Sich zu gedulden, im allgemeinen und in jeder Hinsicht.

Seine Freizeitinteressen: Er liebt Science Fiction, die Außerirdischen, den Weltraum, kurz: alles, was weit weg ist von unserer guten alten Erde.

Seine Lieblingsplätze: Der Himmel, der Kosmos oder auch am Steuer eines Schiffes während einer einsamen Atlantiküberquerung.

Farben: schwarz und gelb.

Pflanzen: Salbei und Alraune, die Pflanze der Hexen.

Blume: Lotus.

Berufe für den Drachen: Prophet, Anwalt, Redner, Architekt, Künstler, Schauspieler, Vulkanologe, Meterologe, Astronom, Astronaut – vorzugsweise mit großem Ruhm.

Die vier Lebensalter des Drachen nach chinesischer Tradition

Die Kindheit und Jugend sind ein wenig schwierig für den Drachen, denn in dieser Zeit bringen ihm sein Bedürfnis nach Aufmerksamkeit und sein Eigensinn viele Schwierigkeiten mit der Umgebung ein.

Der Abstand zwischen seinem Ideal und der Wirklichkeit macht ihn oft unzufrieden.

Als reifer Mensch und im Alter findet er seine Ausgeglichenheit, wenn er nur die Ecken abrunden kann.

Er muß sich aber sein Leben lang über sich selbst im klaren sein und daran denken, daß der Drache ein fantastisches Tier der Legende ist, und er darf daher nicht ganz und gar auf seine äußere Erscheinung setzen, denn sie wird nicht ewig blenden können.

Die Psychologie des Drachen

Fangen wir mit einem Rätsel an: Welches ist der grundsätzliche Unterschied zwischen dem Drachen und den anderen Zeichen des chinesischen Tierkreises?

Antwort: Er ist der einzige, der nur in Legenden existiert. Der Drache ist ein mythisches, fantastisches, chimärisches Tier, und diejenigen, die in seinem Jahr geboren werden, sind außergewöhnliche Menschen in dem Sinn, daß sie – anders als ihre Vorgänger, die Katzen – ihre vollen Fähigkeiten nur in extremen Situationen entwickeln können. Der Alltag ist nicht ihre Stärke, oder sie verändern ihn so, daß er für alle anderen anstrengend wird.

Die chinesische Überlieferung sagt uns, daß der Drache das Zeichen ist, das Glück und Wahrheit im Besitz hält. Es ist daher von Vorteil, mit ihm in Berührung zu kommen oder ihn ins Haus zu holen.

Ich habe das erste sehr oft erlebt. Meine Jugend war im wahrsten Sinne des Wortes überlaufen von Drachen. Meine besten Freundinnen und die Männer meiner Träume waren alle unter diesem Fabelzeichen geboren, und ich denke daran mit einer Mischung aus Erstaunen und Erschöpfung zurück. Sie waren wirklich überwältigend, meine männlichen und weiblichen Drachen. Bei ihnen konnte man zwei Rollen übernehmen: Schutzbefohlener oder Rivale. Mit einem Drachen zu rivalisieren, ist keine Kleinigkeit. Deshalb habe ich mich von ihnen beschützen und beraten lassen, was für alle geruhsamer und erfreulicher war.

Ich habe ihre Ratschläge mit großem Gehorsam angehört und befolgt, und das hat mir eines gezeigt: Man muß wissen, wie man einem Drachen zuhört, der seinen Rat gibt. Vergessen wir nicht, daß er im Besitz der Wahrheit ist, selbst wenn es nicht unbedingt gut ist, sie auszusprechen. Und die Ratschläge eines Drachen sind weise, auch wenn er sie deklamiert, statt sie zu flüstern. Manche Autoren vergleichen diese Ratschläge mit denen der Narren im Mittelalter, mit jenen Randbemerkungen der Genies, die allein das Recht hatten, sich über die Könige lustig zu machen. Shakespeare hat diese grimassenschneidenden, unentbehrlichen Personen in seinen Theaterstücken wundervoll beschrieben. Ihre gewagtesten Scherze sind immer ganz nah dran am gesunden Menschenverstand.

Alles wäre gut, wenn unsere Drachen in der Lage wären, ihre »Extra-Klarsicht« für sich selbst zu nutzen. Unglücklicherweise ist das nicht oft der Fall. Sie sind wie die Sonne: Das Licht, das sie um sich verbreiten, nützt ihnen nichts, denn es macht sie blind. So kommt es, daß sie ihre Freunde warnen vor Gefahren und Abgründen, in die sie sich selbst kopfüber hineinstürzen. Sie haben die Weisheit des Geistes, aber nicht des Handelns.

Um auf meine Gruppe der Drachen zurückzukommen. Ich erinnere mich daran, daß ich mich beim Studium ihrer östlichen Zeichen gefragt habe, welches wohl der gemeinsame Nenner sein könnte, der ihre Ähnlichkeit untereinander ausmachte. Jetzt habe ich es begriffen. Sie waren alle Archetypen des Drachen. Faszinierend, für alles begabt, nach vorn ausschreitend mit der Gewißheit, den Schlüssel zum Erfolg in der Hand zu haben. Sie schienen die größten Schwierigkeiten spielerisch zu bewältigen und drehten Menschen und Situationen um wie Pfannkuchen. Alles, aber wirklich alles, lächelte ihnen zu. Meine Drachen-Freundinnen hatten einen wahren Schwarm von Verehrern hinter sich, von denen jeder einzelne glaubte, seine Chance würde schon noch kommen. Was den Mann, an den ich dachte, angeht, so hatte er eine Art, wie Charles Aznavour sie in einem seiner Chansons besingt: Er suchte in der Menge »diejenige, die sich am Abend am liebsten ihm an den Hals werfen würde«.

Drachen haben viele gute Eigenschaften. Sie sind voller Energie, Begeisterungsfähigkeit und Vitalität. Sie sind ohne Falsch, ungeheuer gewissenhaft, versuchen alles bestens zu machen und schaffen es auch, weil sie den Mißerfolg nicht akzeptieren. Sie sind gesund, natürlich, anziehend, voller Charme und Wärme, Ehrlichkeit und Ergebenheit. Ihre Fehler sind selbstverständlich genau die Gegensätze zu ihren Vorzügen. Ungeduldig wie sie sind, ertragen sie es nicht, warten zu müssen, und finden es ungeheuerlich, wenn man sich ihnen widersetzt. Sie sind reizbar und stellen große Ansprüche an ihre Freunde und Verwandten. Jede Art von Nachsicht fehlt ihnen vollkommen, sie wissen nicht, wie man Ecken abrundet, ver-

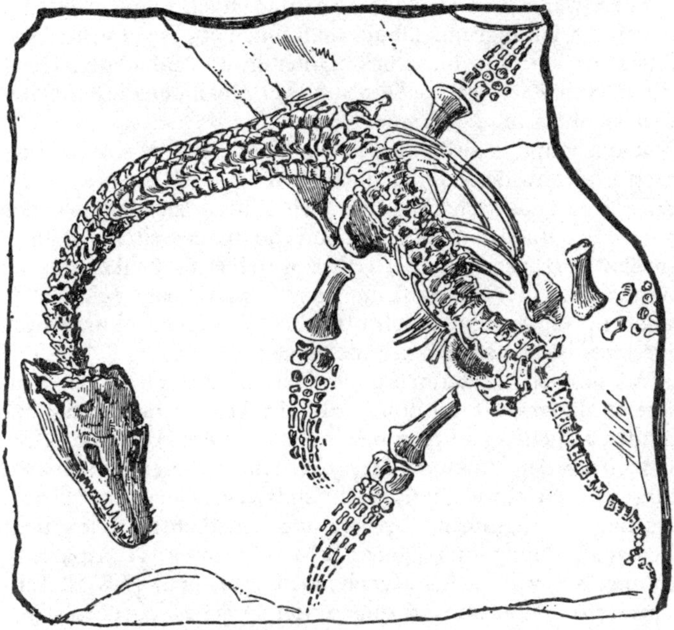

Die Nacht der Zeiten

gessen, diplomatisch zu sein, selbst wenn ihr Leben davon abhängt. Sie sind sich ihrer selbst völlig sicher und über jeden Zweifel erhaben. Sie verstehen nicht, warum andere zweifeln oder zögern. Von dem Moment an, wo sie etwas tun können, müssen es die anderen auch tun ... Und bei dieser Entscheidung gibt es keinen Widerruf.

Die Drachen sind von ihrer Unfehlbarkeit so überzeugt, daß sie sich widerwärtig benehmen, jedenfalls in den Augen derer, die nicht bereit sind, sie ein für alle Mal so hinzunehmen, wie sie sind. Intolerant und abrupt treffen sie ihre Entscheidungen viel zu schnell und haben ziemliche Schwierigkeiten, ihr Unrecht einzusehen. Sie hören kaum auf das, was man ihnen sagt, lieben es aber, wenn man sie bewundert und ihnen schmeichelt. Sie stellen ein Ultimatum, sobald man ihnen etwas verwehrt, und gehen keinen Schritt zurück. Unter ihrer strahlenden Herrschaft verblassen die Farbtöne und verschwinden die Schwarz-Weiß-Kontraste.

Wie kommt es also, werden Sie sagen, daß sie so verführerisch und unwiderstehlich sind? Weil sie das Leben sind, die Wärme und das Licht. Weil die Welt ohne sie ziemlich glanzlos wäre. Die Drachen mit ihren unberechenbaren Seiten, mit ihren großen Vorzügen und übertriebenen Fehlern schenken uns die Würze des Unerwarteten, um damit unser Leben schöner zu machen. Sie verzehren sich oft, ohne Spuren zu hinterlassen, aber was ist das für ein schönes Feuer ...

Wir müssen uns daran erinnern, daß die Helden aus den Kindererzählungen oft mit bloßen Händen gegen einen feuerspukkenden Drachen kämpfen müssen, bevor ihre Wünsche Wirklichkeit werden. Auch die Menschen, die in diesem fabelhaften Jahr geboren werden, müssen ihrem Bild ins Angesicht blicken, das nach chinesischer Überlieferung künstlich ist. Nur durch die Anerkennung ihrer eigenen Schwäche, ihrer »Transparenz« können sie wahre Ausgeglichenheit erreichen. Das ist sehr schwer, und darum verbringen viel Drachegeborenen einen großen Teil ihres Lebens damit, diesem unerfreulichen Anblick aus dem Weg zu gehen, indem sie eine Erfahrung nach der anderen machen, Erfolge sammeln und Niederlagen vergessen.

Natürlich sind die Drachen intelligent, und vor allem wissen sie ihre Kenntnisse anzuwenden und gewinnbringend einzusetzen. Sie wirken oft kultivierter als sie sind, aber sie sind gute Redner, manchmal ein wenig mit »großer Klappe«, und man findet sie immer an der Spitze einer Demonstration oder auf dem Podium. Nur die zweite Rolle zu spielen, behagt ihnen kaum.

Da sie für die außergewöhnlichen Situationen geschaffen sind, sind die Drachen in den meisten Fällen unzufrieden und nagen an den Flügeln in Erwartung des nächsten Sturms ...

Das Drachenkind

Das Drachenkind ist unabhängig und selbständig. Ohne so ein Draufgänger wie der kleine Tiger zu sein, muß es seine Erfahrungen sammeln und Selbstbestätigung finden. Es ist sinnlos, es in eine Routine zu zwängen, ihm genaue Zeiten vorzuschreiben oder strikte Disziplin zu verordnen, denn das führt nur zu traurigem Unverständnis.

Das Drachenkind kann ein sehr guter Schüler sein, denn es ist begabt, hellwach und intelligent. Aber es ist nicht sehr fleißig, denn es haßt es, sich an einen regelmäßigen Ablauf nach dem Motto »Erst die Arbeit, dann das Vergnügen« zu halten. Es stürzt sich mit derselben Intensität in die Arbeit wie auf die Freizeitbeschäftigung, geht bis an die Grenzen seiner Kraft und macht Schluß, wenn es genug hat. Es läßt die Arbeitstiere oft

Ein kleines Wesen voller Stacheln

weit hinter sich, um am nächsten Tag doch als Dummchen dazusitzen, weil es einfach auf eine Frage nicht geantwortet hat, obwohl es die Antwort genau wußte. Das ist normal. Der Lehrer hat es eben genervt oder herabgesetzt ... Die Beziehungen zwischen dem Drachenkind und den Lehrern sind oft schwierig, weil es gern frech und aufmüpfig ist. Wenn man dann noch dazunimmt, mit welcher erstaunlichen Leichtigkeit es an die schwierigsten Unterrichtsstoffe herangeht, dann ist das im Ergebnis eine Herausforderung für jede Autoritätsperson.

In der Tat akzeptiert der kleine Drache keinerlei Autorität. Er handelt nach seinem Willen und hört Ratschläge nur an, wenn sie von einem ihm unbekannten Menschen kommen und den Reiz des Neuen haben. Gegenüber seinen Eltern ist dieses Kind gleichzeitig gönnerhaft und gleichgültig. Sicher, es liebt sie, aber es widersetzt sich Zärtlichkeiten und Gefühlen. Für den Drachen wäre es das Ideale, wenn man ihm Kost und Logis gäbe und ihm ansonsten seine Freiheit ließe. Schwierig, selbst in unserer Zeit, in der fast alles möglich ist. Blieben dann noch die Toleranz und die Art von Großzügigkeit, die gibt, ohne etwas dafür zu erwarten. So umsorgt wird der kleine Drache zum Menschen und wird sich entfalten.

Unnötig zu sagen, daß er im allgemeinen sehr früh die sexuelle Freiheit sucht. Geben Sie Ihrem Drachenmädchen die Pille, ohne viele Fragen zu stellen. Und haben Sie keine Angst: Diese Fabeltiere lassen sich nie in sentimentale Abenteuer ein, in denen sie nicht die Kontrolle haben.

Das Gefühlsleben

Kennen Sie die Methode des Heilkundigen Emile Coué? Sie besteht darin, daß man sich den ganzen Tag und möglichst auch nachts immer wieder sagt: »Oh, wie bin ich doch intelligent, wie bin ich doch intelligent« usw. Nach einiger Zeit, so scheint es, ist man selbst so überzeugt davon, eine überragende Intelligenz zu haben, daß man schließlich auch die anderen davon überzeugt ... Und die Türen zum Erfolg öffnen sich weit vor unseren geblendeten Augen.

In ihrem Gefühlsleben benehmen sich die Drachen fast so, als hätten sie sich über Jahre diesen schönen, kleinen Satz vorgeredet: »Ich bin ganz und gar unwiderstehlich.« Und das funktioniert. Die Drachen haben außerordentlich viel Charme, und es kommt ihnen nicht einmal in den Sinn, daß sich irgend jemand davon nicht beeindrucken ließe. Die berühmten Lieben, die verboten waren oder unerwidert blieben, die wir alle in bitterer Erinnerung haben – die Drachen kennen sie nicht. Wenn ihnen jemand gefällt, erobern sie ihn wie ein König. Sie geben sich die Ehre, ihn zu lieben. Und das mit viel Ernsthaftigkeit und vollkommener, offensichtlicher Hingabe, und wenn das Ergebnis dieses Unternehmens positiv ausfällt, glaubt der (die) glücklich Erwählte nun, daß es ein wahres Wunder ist und man so ein Glück nie wieder im Leben erfahren wird ...

Drache-Männer und -Frauen erleben daher sehr selten die emotionale Niederlage. Wenn sie die Zuneigung von jemandem haben »wollen«, sind sie in 90 Prozent der Fälle erfolgreich. Dank einer Haltung, die eine merkwürdige Mischung aus leidenschaftlicher Begeisterung und Distanziertheit ist, machen sie sich ganz und gar unentbehrlich. Kleines Beispiel: Durch einen Glücksfall, den Sie noch gar nicht fassen können, haben Sie das Herz eines Drache-Mannes oder einer Drache-Frau in Ihren Netzen gefangen. Natürlich hat jeder davon gewußt, denn Liebe unter dem Zeichen des Drachen wird nie ausgelöscht. Wenn Ihre prachtvolle Eroberung bei der ersten kleinen dunklen Wolke fortginge, würden Sie sich doch ein wenig lächerlich vorkommen – oder? Denn das ist die Masche bei den Drachen: Sie verführen durch Liebe und bewahren durch Eigenliebe.

Sie sind leidenschaftlich, aber nie verblendet von ihren Leidenschaften. Sie wissen im Grunde sehr gut, was sie tun und was sie haben wollen. Andererseits kommen sie auch ganz gut ohne Sie aus. Die chinesische Überlieferung sagt, daß der Drache noch glücklicher ist, wenn er allein ist.

Weder besitzergreifend noch sonderlich eifersüchtig, bleiben sie überlegen gleichgültig gegenüber den kleinen Flirts, die ihre Eroberungen sich leisten, einfach um die Aufmerksamkeit des Drachen zu erregen. Es ist völlig klar, daß sie nur mit dem kleinen Finger winken müssen, und der (die) Flüchtige kommt im Laufschritt zurück. Dafür hassen sie aber Zärtlichkeiten, Tränen und Erpressung durch Liebe. Angesichts solcher Einstellung ergreifen sie sofort die Flucht.

Und dennoch – man widersteht ihnen nicht. Warum? Weil sie warmherzig, verständnisvoll und anregend sind. Weil ihre Lebenskraft auf andere wie ein euphorisierender Cocktail wirkt. An der Seite eines Drachen fühlt man sich schöner, intelligenter, lebendiger. Das ist das wahre Geheimnis ihrer Verführung, aber sie wissen es nicht.

Manchmal, und das ist die Kehrseite der Medaille, gibt es bei der Drachenliebe einen Bluff. Als ich 18 war, machte mich mein geliebter Drache fuchsteufelswild, weil er bei einem Spaziergang von einer ganzen Meute schöner, braungebrannter Mädchen verfolgt wurde, von denen er auch noch behauptete, er hätte sie alle schon im Bett gehabt. Ich habe lange gebraucht, bis ich merkte, daß das alles nicht stimmte und daß die fraglichen Schönen nur eine Gruppe von Fremden waren, für die er eine Stadtführung machte.

Das Familienleben

Unnötig zu sagen, daß die Drachen weder besonders familienfreundlich noch Stubenhocker sind. Eine unter diesem Zeichen geborene Frau würde es nie ertragen, in der Rolle der Hausfrau angebunden zu sein. Eine meiner Drachenfreundinnen wäre beinahe geschieden worden, weil sie dieselbe Qualifikation und denselben Beruf wie ihr Mann hatte und weil sie sich bei einer Reise in arabische Länder in den Hintergrund gedrängt fühlte.

Wenn die Drachen oft früh heiraten, dann vor allem, um ihre Unabhängigkeit zu beweisen und um zu zeigen, daß sie ohne ihre Eltern auskommen. Dann passiert es häufig, daß sie sich scheiden lassen und wieder heiraten. Im allgemeinen ist die zweite Bindung besser als die erste.

Vernünftig, wie sie sind, warten sie mit Kindern, bis sie wirklich in der Lage sind, sie zu ernähren. Sie geben gute Eltern ab, verständnisvoll, ermutigend und ohne jeden Besitzanspruch. Im Gegenteil, sie versuchen bei ihren Kindern die Unabhängig-

Seltsam, seltsam ...

keit zu fördern und die Fähigkeit, selbständig zu handeln und mit dem Leben zurechtzukommen.

Der Fehler der Drache-Eltern ist es, daß sie gegenüber ihren Nachkommen oft sehr anspruchsvoll sind, und die Kinder haben Schwierigkeiten, mit ihnen Schritt zu halten und sie zufriedenzustellen. Das Büffel-Kind zum Beispiel kann sich noch soviel Mühe geben, es ist nie gut genug, um in den Augen eines Drachen-Vaters oder einer Drachen-Mutter Gnade zu finden. Die Geburt eines Katzen-Kindes sollte man vermeiden, denn mit seinem Mangel an Ehrgeiz wird es seine Eltern verärgern.

Die jungen Affen, Schlangen und Ziegen machen mit ihren Drachen-Eltern, was sie wollen, ohne daß die es merken, denn die Kinder verstehen es, ihnen zu schmeicheln, sie zu bewundern und zu manipulieren.

Die Drachen-Eltern werden gern die künstlerischen Talente der Ziege fördern, sie werden die Unabhängigkeit der Ratte nicht einengen und werden dem Hahn und dem Schwein ohne Schwierigkeiten gehorchen. Das Tiger-Kind wird kaum von ihnen gezähmt werden, aber es wird auf ihren Rat hören.

Schließlich sollten Drachen-Eltern vermeiden, ein Hund-Kind zu bekommen, denn es wird niemals auf ihre glänzende Fassade hereinfallen und sie ständig kritisieren.

Das Berufsleben

Im allgemeinen hassen die Drachen die Routine. Sie hassen es noch mehr, sich eingeengt zu fühlen in einem Räderwerk von Aufgaben und Verpflichtungen oder sich gezwungen zu fühlen, ein Programm Punkt für Punkt erfüllen oder eine Arbeit in einer bestimmten Zeit machen zu müssen.

Sie sind die Zerstörer von Gewohnheiten, die Neuschöpfer von Programmen, die Künstler des Rhythmus. Egal, worum es geht, sie sind überraschend und unberechenbar. Sie sind bei belanglosen Aufgaben unbrauchbar, jedem zugänglich und werden in höchstem Maße leistungsfähig, wenn alle anderen schon aufgegeben haben. Drachen sind Menschen, die das Schicksal gesandt hat, und all ihre guten Eigenschaften scheinen besonders dafür geschaffen zu sein, in außergewöhnlich schweren Zeiten unlösbare Probleme zu lösen. Wenigstens dann fühlen sie sich wohl und langweilen sich nicht ...

Da diese besondere Eigenschaft nicht außerhalb von Revolutionen, Umstürzen, Putschen oder anderen sozialen oder historischen Veränderungen eingesetzt werden kann, langweilen sich unsere Drachen oft an ihren Schreibtischen. Andererseits können sie persönliche Anerkennung und Zufriedenheit finden, wenn ihr Beruf es erlaubt, etwas Neues zu schaffen und er-

Er mag es nicht, sich in einen Rahmen gezwängt zu fühlen

finderisch zu sein, etwas zu verändern und Dinge und Menschen in Bewegung zu bringen. Und wenn schon keine vom Schicksal gesandten Menschen gebraucht werden, geben sie hervorragende Mitarbeiter ab. Zu wissen, wie man sie richtig einsetzt, ist alles ...

Die Drachen sind daran interessiert, in einer schöpferischen Gruppe zu arbeiten, denn sie können sich dort unentbehrlich machen, indem sie das »Profil« ihres Arbeitsplatzes ihren Fähigkeiten anpassen. Aber sie vermeiden die überorganisierten Verwaltungen. »In eine Form zu passen«, »Teil einer Mannschaft zu sein«, das sind Sätze, bei denen sich ihnen die Haare sträuben. In so einer Rolle wären sie zutiefst unglücklich – und ihre Umgebung auch.

Wegen der Vielfalt ihrer Begabungen und Interessen üben die Drachen im Laufe ihres Lebens oft mehrere verschiedene Berufe aus, die offenbar nichts miteinander gemein haben. Sie müssen wirklich herumexperimentieren, bevor sie sich entscheiden. Wenn Ihre Frau, Ihr Mann, Ihr Kind so ein Fall ist, keine Aufregung: Diese anfängliche Unsicherheit ist ein Teil des astrologischen Gepäcks all derer, die unter diesem Zeichen geboren sind.

Mit ihren Kollegen verstehen sie sich gut, wenn keiner von ihnen das Recht hat, daherzukommen und seine Nase in ihre persönlichen Drachenangelegenheiten zu stecken. Die kleinste Einmischung läßt sie Feuer spucken ... Wenn Sie ganz oben sind in der Hierarchie und um Ihre Autorität fürchten, hier ein Rat: Vermeiden Sie es, einen Drachen einzustellen ...

Das materielle Leben

Das durchschnittliche Bankguthaben eines Drache-Geborenen neigt eher zur Höhe des Urals als zu dem flachen Land, das Jacques Brel in seinem Chanson besingt. Weil sie geschickt sind, Glück haben und auch immer jemanden finden, der an sie glaubt, fehlt es unseren geflügelten Tieren nie am Notwendigsten oder nur sehr selten und für kurze Zeit. Im allgemeinen kommen sie gut durch und passen sich den fetten Jahren genauso an wie den mageren.

Dennoch haben sie häufiger finanzielle Sorgen als finanzielle Imperien, denn sie sind unvorsichtig, engagieren sich zu schnell, ohne über die Wechsel und Zahlungen nachzudenken, die folgen. Außerdem sind sie kaum vorbereitet auf Unehrlichkeit oder Unredlichkeit bei anderen. So werden sie manchmal hintergangen von Leuten, die gerissener sind als sie.

Fügen wir noch hinzu, daß Drachen nicht gut wirtschaften können. Wenn sie Geld zur Verfügung haben, nutzen sie die Lage und geben abends aus, was sie morgens verdient haben – und nehmen kaum wahr, daß man es auch anders machen könnte.

In geschäftlichen Dingen wäre es in ihrem Interesse, sich mit den vorausschauenden Büffeln oder den ehrlichen Schweinen zusammenzutun. Wenn nicht, könnten die Kassen leicht leer sein.

Die männlichen und weiblichen Drachen geben Geld aus,

FREEMAN DEL.
A GUSMAN SC.

um sich eine Freude zu machen, aber sie verwöhnen auch ihre Umgebung und machen gern Geschenke. Sie schenken Ihnen das, woran sie selbst Freude hätten, da können Sie sicher sein. Aber die gute Absicht allein zählt auch, oder?

Wir sagen zu ihrer Entlastung auch, daß sie in dieser Beziehung zu den Uninteressiertesten gehören. Niemals würde eine Drachen-Dame einen Mann wegen seines Geldes heiraten. Und wenn Herr Drache Ihnen zulächelt, können Sie sicher sein, daß ihm Ihr monatliches Einkommen gleichgültig ist. Männer und Frauen dieses Zeichens sind eher an der glänzenden, originellen Seite Ihres Berufs interessiert als daran, was er Ihnen einbringt. Manchmal zeigen sie sogar eine gewisse Geringschätzung gegenüber dem Geld. Aber das geht niemals so weit, daß sie um einer guten Tat willen alles aufgeben. Die Drachen bewahren, trotz ihrer chimärischen Seite, den Sinn für das Notwendige.

Die Umgebung

Der Drache, Prinz der Wolken, ist zu rätselhaft, um eine festgefügte Umgebung zu brauchen. In den vier Wänden einer Wohnung mit einem Schrebergarten am Stadtrand wird er schnell depressiv, denn er erträgt das Gefühl des Eingeschlossenseins nicht. Der Drache neigt zur Platzangst. Er braucht Weite, reine Luft, Schnelligkeit und zieht das Pfeifen des Windes dem des Wasserkessels beim Frühstück vor. Wenn der Drache seine Flügel entdeckt hat, haßt er es, sich an vulgären Wänden zu stoßen.

Ohne nun gleich Nomaden zu sein, lieben es die unter diesem Zeichen Geborenen, wenn um sie herum Bewegung ist. Sie sind sehr gut in der Lage, sich an ein Leben in der Fremde in unbekannter Umgebung anzupassen. Immer in derselben Gegend zu bleiben, deprimiert sie. Wenn keine Reisen möglich sind, richten sie sich gern exotisch ein und wechseln dabei mit Begeisterung ständig den Stil, vom schwedischen bis zum maurischen. Und wenn ihr Portemonnaie leer ist, leihen sie sich bei einem Freund Farben und verwandeln ihre Wände in tropische Land-

schaften. Bei einem echten Drachen ist es selten, daß die Farben und die Dekoration länger als ein Jahr dieselben bleiben.

Das ideale Haus für einen Drachen ist natürlich die Burg oben auf der Felsspitze mit Blick über schwindelerregende Abgründe. Unglücklicherweise sind Burgen in unseren Tagen selten oder zu Museen geworden. Unsere Drachen könnten daher vorliebnehmen mit einer supermodernen Villa in gewagter Architektur: Die Wände mit Panorama-Scheiben öffnen sich auf eine Felslandschaft am Ozean. Fern von dem Hupen und den Ausdünstungen der Großstadt wiegt sie das Geräusch der Wellen und des Windes in den Schlaf. Ein Schiff oder ein besonderes Flugzeug zu bewohnen, würde ihnen auch nicht mißfallen. Haben Sie nicht zufällig eine Boing 747 zu verkaufen?

Kleiner Führer für den Umgang mit einem Drachen

Seine Methoden der Verführung: Er: Charme und Unverfrorenheit. Niemand hat ihm je widerstanden. Warum sollten Sie die erste sein?

Sie: Wird Ihnen den Eindruck vermitteln, sie sei eine Märchenprinzessin, der alle Männer der Welt den Hof machen und um die sich alle Männer prügeln. Kurz, sie wird in Ihnen den Sinn für Wettbewerb und den Eroberungsgeist stimulieren. Vorsicht, eine sehr wirksame Methode ...

Wenn er Sie liebt: Fangen Sie noch heute an, Tagebuch zu schreiben. Notieren Sie jede seiner Großtaten, jedes seiner historischen Worte. Er wird davon hingerissen sein, denn jeder Drache hätte gern seinen persönlichen Geschichtsschreiber. Und dann, wenn er Sie eines Tages verläßt, haben Sie wenigstens das Material für einen Bestseller ...

Er erwartet von Ihnen: daß Sie ihn bewundernd anhören und seinem Rat folgen.

Um Sie zu halten: Er wird nichts Besonderes tun. Erstens kommt er gar nicht auf den Gedanken, daß Sie der Sache überdrüssig werden könnten, und zweitens weigert er sich, jemanden zu bitten: »Verlaß mich nicht.«

Wenn er Sie betrügt: Das tut er, um Ihnen zu beweisen, daß Sie nicht der (die) Einzige sind. In jedem Fall wird er vermeiden, daß es zu weit geht.

Wenn Sie ihn betrügen: Seien Sie gnädig und versuchen Sie, es ihm nicht zu sagen; ein Teil seines Ideals wäre für immer zerstört. Wählen Sie die Diskretion ...

Im Fall des Bruchs: Wenn es von ihm ausgeht, werden Sie Freunde bleiben. Geht es von Ihnen aus, wird er aus Ihrem Gesichtskreis verschwinden. Aber das geht ohne Tränen und viel Gerede ab.

Wenn Sie ihm ein Geschenk machen wollen: Wissen Sie, daß Drachen Spielzeug lieben? Versuchen Sie sich so genau wie möglich über seine Hobbys zu informieren, damit Sie den glücklichen Empfänger Ihrer Großzügigkeit davon überzeugen können, daß Sie wirklich an ihn und nur an ihn gedacht haben. Dann rücken Sie irgendein Spielzeug heraus. Geschätzt wer-

den: elektrische Eisenbahnen, ferngesteuerte Flugzeuge, Mini-Raketen, Drachen und alles Bewegliche.

Wenn Sie ihn verführen wollen: Besorgen (notfalls leihen) Sie sich einen flotten Sportwagen, am besten ein rotes Cabrio. Dann fahren Sie lautstark an ihm vorbei und tun so, als sähen Sie ihn nicht. Wenn Ihr Fahrzeug eigentlich zu lahm und langsam ist, pinseln Sie »Paris – Dakar Nr. 25« oder »Rallye Monte Carlo Nr. 12« drauf. Sie werden sehen …

Wenn Sie ihn in die Flucht schlagen wollen: Sagen Sie ihm: »Ach, das ist merkwürdig, ich hätte Sie für größer gehalten …«

Der Drache und die anderen chinesischen Zeichen

Drache/Ratte

Eine sehr positive Verbindung für die Ratte: Der Glanz des Drachens wird ihr Ansehen steigern, sie verblüffen und anregen. Sie bringt ihm heftige, unüberlegte Zuneigung entgegen, wird, wo er doch so intelligent und klarsichtig ist, mit Genuß die größten Dummheiten begehen, um auf sich – das bescheidene Nagetier ohne Liebe – den flammenden Blick des himmlischen Prinzen zu ziehen.

Hier kann man eine Frage stellen: Der Drache, wird er die Ratte wirklich wahrnehmen? Gut, nicht immer. Er wird sie von Zeit zu Zeit vergessen, wenn ihn eine neue Vorliebe in Anspruch nimmt. Aber er liebt es doch sehr, wenn man ihn anbetet, ihm schmeichelt, ihn bewundert. Die Leidenschaft der Ratte wird wie Balsam für seine Schuppen sein, wie ein erfrischender Regen für seinen glühenden Atem.

Die beiden kann daher ein beständiges Gefühl verbinden, sei es in der Liebe, als Freunde oder im Beruf. Sie ergänzen sich: Der Drache kann in aller Ruhe brillieren, und die aufmerksame Ratte entdeckt für ihn die Hindernisse auf dem Weg und wird ihm vor der Schlacht sagen, wo die Schwachpunkte der Gegner sind. Sie wird in dieser heimlichen Rolle sehr glücklich sein und sich dabei unentbehrlich fühlen. Außerdem hat sie, vor Liebe blind, gar nicht die Zeit, die Fehler im Drachenpanzer zu suchen. Alles wird zum Besten sein im schönsten der Zoos ...

Drache/Büffel

Der zweite ist ein Mensch für den Alltag, für das Normale, und von Jugend an ist er sich der Gefahr bewußt, die droht, wenn man sich zu schnell voranwagt. Der erste ist dagegen ein Mensch für die außergewöhnlichen Situationen des Wechsels,

sowohl im politischen, gefühlsmäßigen und beruflichen Bereich.

Im Leben eines Büffels wird der Drache wie ein Feuersturm vorbeirauschen, und hinterher wird nichts mehr so sein, wie es vorher war. Das wird für den Büffel sehr gut sein. Er geht daraus erschöpft hervor, aber auch verändert, reifer und klarsichtiger. Der Drache seinerseits wird für eine Zeitlang die beständige, stabile Seite des Büffels schätzen. Da kann er ausruhen, da kann er nachdenken ...

Kurz, diese Situation ist für den einen wie für den anderen von Nutzen. Aber schwerlich von Dauer, es sei denn, der Drache hat einen Beruf, bei dem er viel reisen kann. Sonst langweilt er sich schnell und wird unzugänglich.

Im beruflichen Bereich dagegen ist der Drache gut beraten, einen Büffel-Partner zu haben, der sich um die Buchhaltung kümmert.

Drache/Tiger

Sie haben viele Gemeinsamkeiten: Mut, Kraft, Unternehmungsgeist. Der Tiger ist ein guter Ratgeber, denn er rät niemals jemandem, dieselben Unachtsamkeiten zu begehen wie er. Der Drache liebt es, Ratschläge zu geben und ist außerdem oft sicher, recht zu haben. Bei diesem Paar wird der Drache dem Tiger helfen, vor dem Handeln nachzudenken, er wird ihm die angemessenen oder nicht angemessenen Wege für seine Bemühungen zeigen. Manchmal wird er ihn auch allerbesten Glaubens dazu bringen, sich in verworrene Abenteuer zu stürzen ...

Ihre Maßlosigkeit wird ihr Leben leidenschaftlich, aber auch ein wenig unbeständig machen, es sei denn, der Drache akzeptiert es, auf den Tiger zu hören, der in seinen Worten viel vernünftiger ist als in seinen Taten. Es wird Verletzungen geben, Konflikte und Streit, aber niemals Langeweile. Dank der Offenheit der beiden werden Mißverständnisse nie lange anhalten. Sie werden erfolgreich sein und sich wie alte Freunde über den Erfolg des anderen freuen, denn ihr tiefes Verstehen verhindert jegliche Rivalität. Selbst im Beruf machen sie geräuschvoll auf sich aufmerksam. Wenn sie einen guten Verwalter haben ...

Drache/Katze

Diese Verbindung wird möglich, wenn der Drache die Hosen anhat, tatsächlich oder im übertragenen Sinn. Denn die Katze braucht eine Menge Philosophie und Gelassenheit – von der sie weit entfernt ist –, damit sie lange erträgt, daß ihr lautstarker Partner, der nicht damit zufrieden ist, wie ein Leuchtturm zu strahlen, im Vorbeigehen auch noch die paar Lorbeeren einsammelt, die sie abergläubisch in ihrem Schmuckkästchen verwahrt hatte.

Die Katzen sind geduldig und nachsichtig, aber sie mögen es nicht, wenn man ihnen auf die Pfoten tritt. Und die Drachen sind die geborenen Treter. Für eine gewisse Zeitlang erträgt die Katze mit stoischer Ruhe den Sturm, der mehrmals am Tag ihre Schubladen in Unordnung bringt, die Sachen an andere Plätze stellt und Durchzug verursacht. Eine klappernde Tür stört eine Katze schon erheblich. Und dann wird sie eines Tages ihrem Drachen ins Gesicht sehen, und der wird dann nicht das letzte Wort behalten, denn die Schwäche der Katze ist nur allzu offensichtlich ...

Andererseits, wenn der Drache außerhalb des Hauses arbeitet und die Katze sich ums Haus kümmert, wobei jeder seinen Bereich frei organisieren kann, wird alles gutgehen.

Drache/Drache

Die Drachen glänzen und lieben alles Glänzende. Nicht verwunderlich also, daß sie sich auf Anhieb gegenseitig anziehen. Um die Wahrheit zu sagen: Sie sind oft mehr in das Paar verliebt, das sie gemeinsam abgeben, als in den Partner als Individuum.

Nur die Machtverteilung 50:50 ist eine schwierige Angelegenheit, wie alle Beteiligten wissen. So ist es auch bei unseren Drachen, die sich leicht von Erfolgen ihres Partners verunsichern lassen. Nicht aus Eifersucht, nein, sondern einfach, weil sie merken, daß der oder die andere weder Hilfe noch Ratschläge braucht. Für jeden richtigen Drachen kommt diese Selbständigkeit einer Majestätsbeleidigung gleich. Ich kannte ein Drachen-Paar. Ihr Verhalten war schließlich sehr peinlich, weil jeder den anderen übertrumpfen wollte. Ihre Scheidung war ein wahres Fest von Beleidigungen, eine unvergeßliche Schau. Aber keiner hat richtig gewonnen.

Wer trüge seinen Drachen nicht in sich?

Drache/Schlange

Eine der besten möglichen Verbindungen für den Drachen, vor allem, wenn die Frau Schlange ist. Tatsächlich sind die Schlange-Frauen klug, verführerisch und elegant. Der Drache-Mann möchte gern stolz auf seine Frau sein, um sich als der Stärkste zu fühlen. Und keine Schlange wird so dumm sein, Geschichten zu machen, um offensichtlich an die Macht zu kommen. Die unterirdischen Manöver gefallen ihr soviel besser ...

Wenn die Frau Drache ist, wird es schwieriger: Sie will in der Tat von ihrem Schlange-Mann umschmeichelt werden. Er wird es aus Nettigkeit auch einmal machen, aber indem er sich wie eine Boa um sie herumwindet. Drachen mögen sich nicht eingeengt fühlen ...

Läßt man mal die Sucht des Drachens, um jeden Preis zu glänzen, und die Besitzansprüche der Schlange beiseite, ist diese Verbindung zu empfehlen, denn aufs Ganze gesehen, schätzen sich diese Nachbarn auf dem chinesischen Tierkreis und enttäuschen sich selten. Der Drache hat einen zu ausgeprägten Sinn für Ehre, um von seiner Höhe herunterzufallen. Und die Schlange ist tolerant genug, um die Kritik zu unterdrücken, die die Flammen und die Turbulenzen des Partners bei ihr auslösen.

Drache/Pferd

Die Begeisterung bringt sie oft im Zentrum der Aktivitäten zusammen. Man kann sie sich gut vorstellen als loyale Rivalen bei einem sportlichen Wettkampf oder als Partner in einem Abenteuer. Getrieben von einem Ziel oder von einer von außen kommenden Motivation, haben sie keinerlei Verständigungsschwierigkeiten. Im Alltag wird das schon komplizierter, vor allem, wenn »sie« Drache ist. Sie braucht, das haben wir gesehen, sehr viel Bewunderung, Schmeichelei und Anerkennung ihrer Wichtigkeit. Das Pferd ist aber, vor allem, wenn die Eroberungsphase vorbei ist, zu egoistisch, um sich vorrangig mit dem Seelenzustand dieser anspruchsvollen Partnerin zu beschäftigen. Die vernachlässigte Drache-Dame wird Funken sprühen und alle Mittel einsetzen, um ihrem Pferd-Mann klarzumachen, daß er besser daran täte, sich ihrer Existenz zu erinnern. Das kann Folgen haben …

Wenn »sie« jedoch Pferd ist, wird das vermutlich gutgehen. Sie braucht Freiraum, und der Drache ist nicht aufdringlich. Sie ist sehr mit sich selbst und ihren Interessen beschäftigt und läßt ihn, mit Unterbrechungen, in aller Ruhe glänzen. Er wird zu einem Drachen, der den Blinker betätigt, bevor er Tempo macht …

Drache/Ziege

Hier gibt es Für und Wider. Für, weil die Ziege beschützt werden möchte, oder wenigstens ermutigt und unterstützt. Sie hört den Ratschlägen des Drachen zu, und wenn sie nur ihr Gähnen verbergen kann, sind alle zufrieden. Tatsächlich kann sich der Drache zu einem ausgezeichneten Förderer der fantasiebegabten Ziege entwickeln.

Unglücklicherweise gehört zum Wesen des Drachen sein Bedürfnis, bewundert zu werden, und das Gefühl, unentbehrlich zu sein. Schmeichelei ist den Ziegen vollkommen fremd. Anerkennung ja; aber Komplimente zu machen, ist nicht ihre Art. So geht unser armer Drache das Risiko ein, zu verdorren wie eine Pflanze ohne Wasser.

Bei diesem Paar wäre zu wünschen, daß der Drache das beherrschende oder aktive Element ist. Er kann in der Arbeit immer noch eine gewisse Befriedigung finden, die er zu Hause nicht erhält. Aber Mitleid, wenn der Drache zu Hause bleibt! Nicht auszudenken. Sie machen sich das Leben schwer. Der Drache ist unglücklich, und die Ziege macht Dummheiten.

Drache/Affe

Wenn Sie die Gesellschaft von Paaren mögen, deren Spezialität es ist, über Fragen der Ordnung im Universum zu philosophieren, dann tun Sie gut daran, einem Paar Affe-Drache aus dem Weg zu gehen. Tiefschürfendes ist nicht die Stärke der beiden. Sie neigen in Wirklichkeit beide dazu, zu glauben, sie hätten

eine Frage bis auf den Grund erforscht, wenn noch mehr als die Hälfte zu entdecken ist.

Aber es hilft einem Paar beim Zusammenbleiben, wenn es an derselben Stelle stehenbleibt und zum selben Punkt zurückgeht. Der Affe hat alles, um einen Drachen zu verführen und ihn auch zu halten – was eine seltene Leistung ist. Der Affe fasziniert den Drachen, weil er wunderbar zuhören und dann ausweichend antworten kann und weil er begeisterte Komplimente sich mit höflichem Schweigen abwechseln läßt. Der Drache seinerseits, desinteressiert und chimärisch, weiß, wie man den Affen einfängt, der pausenlos auf der Suche nach einer Quelle neuer Aufregungen ist. Zwischen den beiden gibt es keine Rivalität. Im Gegenteil, sie loben sich gegenseitig, geben sich Selbstvertrauen, helfen sich, Erfolg zu haben und den gewöhnlichen Sterblichen zu verführen, der vom Charme dieses Gespanns wie vom Schlag gerührt ist. Und wenn irgendein Hund kommt und sie als oberflächlich bezeichnet, hören sie nicht einmal hin.

Drache/Hahn

Wieder zwei, die gerne glänzen, aber nicht auf dieselbe Art. Der Hahn möchte gefallen, denn das schenkt ihm Selbstbestätigung. Der Drache blendet natürlich, denn er ist so. Dem ist nichts hinzuzufügen ...

Bei diesem Paar kann alles wie am Schnürchen laufen. Der Drache entzündet sein ganzes Feuer, das der Hahn als exzellenter Manager zu schüren weiß, solange er ein wenig Wärme abbekommt. Er bewundert den Drachen, der sich keinerlei Mühe gibt, zu verführen. Er ist stolz, die Aufmerksamkeit des Drachen erregt zu haben. So umschmeichelt lebt der Drache wie – der Hahn im Korb. Die Gefahr für dieses Paar kommt in Augenblicken der Krise oder des Unverständnisses, die leider häufig auftreten können. Der Sinn für Feinheiten und die psychologische Durchdringung sind kaum die Stärken des Drachen. Und die Hahn-Geborenen, die sehr mit ihrem Äußeren beschäftigt sind, gewinnen kaum, wenn man sie nach ihrem Erscheinungsbild beurteilt, denn man kann leicht denken, daß nichts weiter dahintersteckt. Manchmal ist der Drache hart und

intolerant gegenüber Hahn-Partner, der dann nicht übel Lust hat, sich anderweitig ein wenig Nachsicht zu suchen.

Drache/Hund

Davon ist abzuraten, zumindest, wenn es nicht wirklich ein gemeinsames Ziel gibt oder wenn die westlichen Sternzeichen nicht ernsthaftes, gegenseitiges Verstehen anzeigen. Der Hund ist wahrscheinlich das einzige unter den chinesischen Tierkreiszeichen, das vom Drachen nicht zu beeindrucken ist. Zu klarsichtig sieht er ihn, wie er ist, brillant mit oberflächlichem Glanz, ohne viele Feinheiten und nicht besonders gefühlvoll.

Zum Glück erkennt er das, denn der Hund, der einen Drachen liebt, würde leiden. Der Drache wäre unfähig, ihm die Zärtlichkeit zu geben, ohne die er nicht leben kann, und er würde sich über seine Ängste lustig machen. Aber auch der Drache würde leiden, denn auch mit dem besten Willen der Welt kann er sich nicht in einen Denker, wie Rodin ihn dargestellt hat, verwandeln, nicht einmal, um dem Hund eine Freude zu machen. Er ist, wie er ist, man muß ihn so nehmen mit seinen Vorzügen und Fehlern, ihn ohne Vorbehalt bewundern wegen seiner wunderbaren menschlichen Wärme. Große Probleme für den Hund. Er wird versuchen, den Drachen schlechtzumachen und herabzusetzen, um das wiederherzustellen, was er für die authentische Wahrheit hält. Aber unglücklicherweise gelingt ihm das nicht, und er bekommt davon Komplexe –, als ob er nicht schon genug hätte ...

Drache/Schwein

Gut für den Drachen, schlecht für das Schwein, das, wenn es in die Falle einer solchen Verbindung gegangen ist, seine Schnauze nicht mehr von seinem Schwanz unterscheiden kann. Ohne es übrigens zu wollen, läßt der Drache das Schwein im Kreis tanzen, bis ihm schwindelig ist. Er läßt es grelle Scheinwerfer für Laternen halten (für chinesische natürlich) und die großen, bösen Wölfe für kleine, rosige Schweinchen. Armes Schwein ...

Aber ist es wirklich zu bedauern? Nicht so sehr. Es ist so beschäftigt, seinem Drachen zu schmeicheln, ihn zu schmücken und zu bewundern, daß es keine Zeit damit verlieren kann, sich um sich selbst zu kümmern. Begeistert ermutigt es der Drache, auf diese noble Art weiterzumachen. Und wenn das Schwein eine Krise hat und sich nach Unabhängigkeit sehnt, wird der Drache es allein einen Spaziergang machen lassen, ohne daran Anstoß zu nehmen. Bei der Rückkehr wird er ihm einige weise Ratschläge geben – und ein Lächeln. Und das Schwein wird ihm glücklich lauschen wie dem Evangelium. Ein Glück, daß der Drache im allgemeinen gute Ratschläge gibt ...

PROMINENTE DRACHEN

Amundsen, Apollinaire, Jeanne d'Arc, Atatürk, Barbey d'Aurevilly, Maurice Béjart, Ben Bella, Sarah Bernhardt, Blériot, Blim, Anne Brontë, Pearl S. Buck, Bugeaud, Jacques Callot, Lewis Caroll, Che Guevara, Claudel, Corot, Cranach, Danton, Daumier, Louis David, Alexandra David, Neel Derain, Camille Desmoulins, Eiffel, Engels, Pierre Etaix, Jules Ferry, Anatole France, Franco, Friedrich der Große, Freud, Gabin, Gainsbourg, Gorki, Cary Grant, Graham Greene, Grock, Haile Selassie, Herriot, Honegger, Francis Jammes, Kant, Jean Lurçat, MacArthur, MacMahon, La Malibran, Mandrin, Manet, Marivaux, Pierre Maurois, Maurras, François Mitterrand, Mme de Montespan, Musil, Napoleon III., Gérard de Nerval, Nikolaus II., Nietzsche, Novalis, Oppenheimer, Perrault, Pétain, Petrarca, Philipp der Schöne, Rimski Korssakow, Edmond Rostand, Rouget de Lisle, J.-J. Rousseau, G. B. Shaw, Sieyès, Bernadette Soubirous, Stockhausen, Swedenborg, Tito, Vadim, Verlaine, Vuillard.

2. Teil

DER WEGGEFÄHRTE

此理、便有此氣。或曰、想是聖人稟得清明純粹之氣、故其死

天。曰、也是如此。這事又微妙難說、要人自看得。世間道理、有

Nach dem chinesischen Zeichen Ihres Geburtsjahres hier nun das Zeichen Ihrer Geburtsstunde.

Was ist ein Weggefährte? Eine Art »Aszendent« entsprechend Ihrer Geburtsstunde, ein weiteres Tier, das zu den zwölf chinesischen Tierzeichen gehört. Es ist ein Begleiter, der Ihnen folgt, bereit, Ihnen zur Hilfe zu kommen, der die Fallen und Schlingen auf Ihrem Weg beseitigt, ein ständiger, hilfreicher Schatten, der das Unmögliche möglich macht.

Er ist eine Ergänzung, ein Plus: Mit seiner eigenen Beschaffenheit, seinen Neigungen, seiner andersgearteten Psychologie ist er gleichzeitig Zeuge und Handelnder in Ihrem Leben, Schutzengel und Anwalt des Teufels.

Haben Sie nicht auch schon in sich die Gegenwart eines anderen Selbst gespürt, mit dem Sie mal in Harmonie, mal im Konflikt leben? Das Sie mal kritisiert, mal ermutigt? Das ist er, der Weggefährte.

Manchmal stellt er sich als Störenfried und Betrüger dar. Es ist wahr, er stört oft unsere Gewohnheiten und unser geistiges oder seelisches Wohlbefinden. Mit diesem inneren Doppelgänger ist der Weg weniger monoton, und der Reisende vergrößert seine Chancen, das gesteckte Ziel zu erreichen, wobei nicht das Ziel wichtig ist, sondern allein die Reise zählt. Da die größte Gefahr im Schlaf lauert, ist es nützlich, einen Begleiter zu haben, der Sie in »wachem Zustand« halten kann und dafür, wenn nötig, Ihre Bezugspunkte auf den Kopf stellt, Ihre geheimen Gärten zertrampelt und schließlich den großen Schleier der Illusion zerreißt.

Es passiert manchmal, daß Ihr Weggefährte und Ihr Geburtsjahr wie Zwillingsbrüder dasselbe Zeichen haben, beispielsweise Drache/Drache. In dem Fall, sollten Sie wissen, wird er Sie dahin bringen, sich selbst einfach anzunehmen und den doppelten Aspekt, Yin und Yang, den Sie in sich tragen, auszuleben. Auf alle Fälle tragen Sie alle zwölf Tiere in sich. Also brechen Sie auf zu dem langen Weg, zum großen Abenteuer, zu der schönen Reise, in deren Verlauf Sie das Erhabene und das Groteske, die vergängliche Wirklichkeit, den Traum und die Scheinwelt in harmonischer Verflechtung vorfinden werden.

Stundentabelle der zwölf Tierzeichen

Wenn Sie zwischen

23 und 1 Uhr geboren sind, ist Ihr Weggefährte	Ratte
1 und 3 Uhr	Büffel
3 und 5 Uhr	Tiger
5 und 7 Uhr	Katze
7 und 9 Uhr	Drache
9 und 11 Uhr	Schlange
11 und 13 Uhr	Pferd
13 und 15 Uhr	Ziege
15 und 17 Uhr	Affe
17 und 19 Uhr	Hahn
19 und 21 Uhr	Hund
21 und 23 Uhr	Schwein

Der Sonnendrache auf der Jagd nach der Zeit

DER DRACHE UND SEIN WEGGEFÄHRTE

Der Drache/Ratte

Hat Glück. Da der Drache ein ausgezeichneter Begleiter ist, wird die Reise zu einem Märchen für das Lebewesen, das in seinem Inneren im Einklang mit sich selbst ist. Die Ratte verläßt ihre unterirdischen Tiefen und besteigt ihren Partner im Schuppenpanzer, strebt zur Milchstraße, die Nase in den Sternen. Achtung! Wenn Sie sich von dem Drachen behexen lassen, der in Ihnen wohnt, werden Sie Haare lassen. Schmeicheln Sie ihm, er liebt das sehr. Er macht Ihnen Mut, aber das endet damit, daß er die Entscheidung an Ihrer Stelle trifft. Er hat entsetzliche Wutausbrüche, verbarrikadieren Sie sich. Man muß wissen, seine Chancen zu nutzen. Stellen Sie sich eine Reise zu Wasser und über den Himmel, auf und unter der Erde vor. Aber vergessen Sie ja nicht, daß es manchmal auch Neigungen gibt, die man bekämpfen muß, um zu siegen. Das ist ein Gefährte nach Maß für eine Ratte, die die Kräfte »unten« beherrscht.

Der Drache/Büffel

Oder das vergiftete Geschenk. Der Drache ist immer noch ein Synonym für Glück. Er ist sehr intelligent, aber ein wenig aufdringlich. Andererseits bleibt er nicht an einem Ort und versucht, Sie in Räume und Dimensionen mitzuziehen, die den Wünschen eines einsamen, unabhängigen Büffel-Weggefährten wenig entsprechen. Den großen Zornausbrüchen folgt die Sprachlosigkeit. Freiheit hat in Ihren Augen nicht dieselbe Bedeutung. Drache/Büffel, Sie müssen diese beiden starken Pole ertragen, diese beiden ungleichen Kräfte, die in Ihnen wohnen und deren doppelter Druck Sie leicht beunruhigen kann. Ein Handeln, das besonders dynamisch, militärisch, sportlich oder polemisch ist, kann es Ihnen ermöglichen, diese offensichtlich widersprüchlichen Energien zu harmonisieren.

Der Drache/Tiger

Läuft nicht Gefahr, unterwegs einzuschlafen, ist abwechselnd Führer und Bewacher, irdisches und himmlisches Reittier. Er ist geheimnisvoll und rätselhaft und sät Furcht auf seinem Weg. Er neigt dazu, an Vereinsamung zu leiden, deshalb muß er sein Schicksal, außergewöhnlich zu sein, annehmen. Der Tiger wird es nicht versäumen, den Drachen zu wecken, der in der Tiefe seiner magischen Höhle schläft. Und der Drache wird oft den Tiger im Kampf provozieren. Dieser Drache/Tiger vereint Krallen und Schuppen und furchterregende Zähne. Von Zeit zu Zeit spuckt er Feuer und neigt dazu zu übertreiben. Passen Sie auf, daß Sie Ihre majestätische Haltung, die Furcht und Respekt erzeugt, nicht zu einer Jahrmarktsdemonstration machen. Wenn sowas auch das Volk amüsiert, Sie sind nicht von der Art, die damit zufrieden ist. Machen Sie also keinen Zirkus.

Der Drache/Katze

Fühlt sich Flügel wachsen. So ein Gefährte verleiht das bißchen Klugheit, das ihm fehlt, ohne jedoch den Glanz zu nehmen. Der Drache/Katze hat Wagemut und eine verschlagene Intelligenz. Er ist herrschsüchtig, ein verführerischer Prinz mit einem umfassenden Verstand, ein geheimnisvolles Wesen, das durch die Märchenwelten und das Universum gleitet. Auf jeden Fall muß er sich vor einer gewissen Aggressivität hüten, die von der Art »Ich weiß alles, ich hab' alles gesehen« ist. Ein Hüter von Geheimnissen oder Schätzen, mit fantasievoller Seele, ein Mondvagabund auf der Suche nach Wundern und magischen Kräften.

Der Drache/Drache

Ein Weg, übersät mit Schuppen, Vulkanerde und wilden Sturzbächen. Der Drache/Drache neigt dazu, seine »Reise« in eine Art Wettkampf, eine Art Auftritt zu verwandeln, wobei er natürlich der Sieger bleibt. Unnütz, sich ihm in den Weg zu stellen, er steigt über Sie hinweg und bleibt taub gegenüber Ihren Ratschlägen. Dieses Tier mit dem überschäumenden Temperament sollte lernen, sich zu entspannen, sonst läuft es Gefahr, daß es unterwegs zusammenbricht. Leider hört es auf niemanden, will nichts wissen, es glaubt an seinen guten Stern, verschließt sich in seinem Panzer und spuckt Feuer ... Man verlangt doch nur von ihm, daß er seine Auftritte ein wenig bescheidener gestaltet, es sei denn, er will Karriere mit der Schau machen.

Der Drache/Schlange

Als wagemutiges und listenreiches Tier ist der Drache/Schlange ein Reisender, dem das Schicksal hold ist, und was es nicht durch Kraft und Charme bekommen kann, holt es sich durch Tücke und Hexerei. Wenn der Drache manchmal den Nachteil hat, ein wenig schwerfällig und eigensinnig zu sein, läßt die Schlange ihn die Zurückhaltung, den Umweg und die Geduld entdecken. Ein furchterregendes Tier voll »stechendem« Charme. Sie geben noch einen Hauch von Geheimnis dazu, was nicht verfehlen wird, Ihre Partner zum Schaudern zu bringen, vor Freude oder aus Angst – das ist jeweils Ansichtssache.

Der Drache/Pferd

Wenn die Reiterei auch ihren Reiz hat, rate ich Ihnen dennoch entschieden ab, sich auf einen Drachen/Pferd zu wagen. Nicht jeder sollte dieses Tier besteigen. Es ist ungestüm und hitzig, und es verbindet Eleganz und Opportunismus, Glück und eine wache Intelligenz. Sein Weg ist eine Art verrückter Rennstrecke, auf der er oft Erfolg, Eroberungen und Bewunderung findet. Leider berauscht ihn die Geschwindigkeit leicht, und das Glück kann sich von ihm abwenden. Er muß lernen, die seltene Blume, die Bescheidenheit heißt, zu pflegen. Und wenn sich die Rose öffnet, darf er dann nicht vor Freude in die Luft springen und dabei auf ihr herumtrampeln.

Der Drache/Ziege

Stellen Sie sich ein furchterregendes Tier vor, aber mit vielfarbigen Schuppen; feuerspuckend, aber mit wunderschönen Hufen und gekrönt von schönen Hörnern. So tritt der Drache/Ziege auf, der sich in seiner Haut sehr wohl fühlt. Die Ziege, die den Drachen begleitet, verwirklicht und konkretisiert seinen verrücktesten Traum, sie offeriert ihm auf einem Tablett aus Wolken die geschmackvollsten Speisen, die man Fantasie, Imagination und Wunder nennt. Der oft zu ernsthafte Drache findet das nötige Gleichgewicht, um die Reise zu vollenden. Der Drache/Ziege, ein Tier aller Bereiche, ist nicht nur eine umfassende, gut eingestellte Mechanik, er kann sich erheben und der Drache des Himmels, der sanften Brise und der wandelbaren Wolken werden.

Der Drache/Affe

Als Inbegriff des Hochbegabten und noch dazu des talentierten Seiltänzers gibt der Drache/Affe, ein ritterlicher und kühner Bewacher, niemals auf. Er ist immer auf dem Kriegspfad, ist Tag und Nacht auf dem Sprung und hört nie auf, seine Umgebung zu verblüffen. Leider neigt er dazu, zur Sorte der Vampire zu gehören. Er hat Charme, sicher, er glänzt, und wie! Und er hat eine beachtliche Intelligenz. Aber sein Hauptfehler ist sein maßloser Hochmut. Man akzeptiert seine Gesellschaft, aber nur mit Maßen. Er ist schon außergewöhnlich, man sucht seine Mitarbeit und den Wettbewerb mit ihm, aber man atmet erst wieder richtig durch, wenn er den Rücken gekehrt hat. Werden Sie also ein bißchen lockerer, seien Sie natürlich und sehen Sie weniger herablassend auf Ihresgleichen herunter.

Der Drache/Hahn

Fühlt sich nur in gehobener Position wohl, im geographischen wie im hierarchischen Sinn. Seine Lieblingsplätze: Eine Turmspitze oder ein Penthouse mit Terrasse. Der Drache/Hahn wird immer auf dem ersten Platz sein, nichts entgeht seinem wachsamen Blick, auf jedem Gebiet möchte er herrschen, kontrollieren und überwachen. Der Hahn im Drachen bringt die Großzügigkeit und die Originalität ein, Eigenschaften, die der Drache nicht immer besonders pflegt. Was seinen Charme angeht, der ist unwiderstehlich ...

Drache/Affe: immer auf dem Kriegspfad

Der Drache/Hund

Er gehört zu denen, die Vertrauen erwecken, und man kann ihm mit gutem Gewissen seine Freundschaft schenken und seinem Wort glauben. Der Drache/Hund ist ein loyales, starkes, treues Tier, weiß ohne Anmaßung seine Chancen zu nutzen, die sich ihm auf seinem Weg bieten. Er nimmt sie nicht als ein Muß hin, sondern als ein Geschenk des Schicksals. Der Hund, der in diesem Drachen schlummert, gibt ihm die Nachgiebigkeit, Humor und einen Sinn für eine subtilere, feinere Welt, für eine innere Dimension, während sich der Drache, immer auf heißen Kohlen sitzend, nicht unbedingt die Zeit nimmt, um innere Sammlung, Meditation und den Kontakt mit dem Unsichtbaren und dem Jenseitigen zu erkennen und zu verstehen.

Der Drache/Schwein

Ein umherirrender Einsiedler auf der Suche nach einem Schatz, den er vielleicht nicht zu hüten gewußt hat. Der Drache/Schwein neigt dazu, materiellen Reichtum und geistigen Reichtum miteinander zu verwechseln. Leider reicht es nicht, Materielles und Geistiges zu besitzen, man muß beides auch beleben. Träumen Sie nicht vor Ihrem Panzerschrank, an der Tür Ihres Palastes oder auf der Schwelle Ihrer geheimnisvollen Grotte. Drache/Schwein, Sie stehen vor der folgenden Frage: »Was ist, wenn der Panzerschrank, der Palast oder die Grotte leer ist?« Es ist Ihre Aufgabe, den Ort zu füllen.

Schlafen Sie nicht vor Ihrem Tresor

3. Teil

DER DRACHE UND DIE FÜNF ELEMENTE

要人自看得。問下武詩、三后在天、先生解云在天、言其既沒

於天、此是如何。曰、便是又有此理。用之云、恐只是此理上合於

IHR ELEMENT

In der chinesischen Astrologie ist jedes Jahr mit einem Element verbunden. Es sind die fünf Elemente: Wasser, Feuer, Holz, Metall, Erde.

Jedes der zwölf Tierzeichen wird also nacheinander mit jeweils einem der fünf Elemente verbunden. Zum Beispiel: Die Ratte ist im Jahr 1900 Metall, 1912 ist sie Wasser, 1924 Holz, 1936 Feuer und 1948 Erde.

Das Ursprungspaar und die fünf Elemente

Dieselbe Verbindung Tier-Element kehrt alle 60 Jahre wieder. Beispiel Ratte-Metall: 1960 - 1900 - 1840 - 1780 - 1720 usw.

Diese fünf Elemente sind wesentliche Kräfte, die auf das Universum wirken, mit den Zeichen verbunden sind und die Grundlage für jedes Horoskop bilden. Bewegung und Fließen, Yin und Yang, diese Kraft-Symbole, sind in ständiger Aktion und Wechselbeziehung.

Das Holz gebiert das Feuer, das gebiert die Erde, die gebiert das Metall, das gebiert das Wasser, das seinerseits das Holz gebiert.

DER DRACHE/WASSER
(Jahrgang 1952)

Im Norden am Himmel wurde die Kälte geboren. Als sie zur Erde niederstieg, erzeugte sie das Wasser. In China ist das Wasser eher gleichbedeutend mit Kälte und Eis als mit der fruchtbaren Quelle.

Die Tendenz bei Drache/Wasser

Wasser der Winternächte, Kälte, Härte, Strenge, ruhiges und tiefes Wasser, das Furcht und Respekt erzeugt, schlafendes Wasser, das den ruhenden Unterwasser-Geistern Schutz gibt. Stinkendes, schmutziges Wasser der Sümpfe. Zuflucht der Kriechtiere.

»Das Wasser kann das Zeichen totalen Stillstands sein.« (Jean-Michel de Kermadec, Les Huit Signes de Votre Destin [Die acht Zeichen Ihres Schicksals], Asiathèque.)

Der Drache ist in seinem Element, und unter dem schlafenden Wasser gesellt er sich wieder zu den Unterwasser-Monstern, und er übernimmt seine Rolle als Erwecker, vorausgesetzt, er kann wieder auftauchen und zur Eroberung der Erde und des Raums aufbrechen. Sein aktives Temperament und die

Vielfalt seines Universums zwingen ihn in der Tat, unablässig in Bewegung zu sein. Aber das Wasser kann ein Haltepunkt sein, eine Bremse, die seinen Flug zu den Sternen verlangsamen kann.

Die Gesundheit des Drachen/Wasser

Das Wasserorgan sind die Nieren. Seine Geschmacksrichtung ist das Salzige. Gehen Sie ins Wasser, schwimmen Sie, sammeln Sie Kraft, aber treiben Sie keinen Mißbrauch mit ausgedehnten Bädern, sie sind zu dämpfend für einen Drachen, der ganz Feuer und Flamme ist.

Der Drache/Wasser und die anderen

Der Drache/Wasser müßte theoretisch ein ruhiges Wesen sein, ein Nachdenklicher, ein Zuhörer, ohne Exzesse und Übertreibungen. Aber sein Drachentemperament steht im Widerspruch zu diesen Eigenschaften. Vor allem, wenn er sich zu beherrschen lernt, schafft er es ohne Schwierigkeiten, die Neigungen seines Elements und die des Drachen in Einklang zu bringen – Yin – Yang. Dann wird er die Kunst besitzen, mit Gerechtigkeit und Würde zu herrschen, auch über Leidenschaften und Gefühlsausbrüche. Er fühlt sich wohl in der Menge und wird sie in Bewegung bringen, sie ohne Gewalt oder Zorn lenken können. Der Drache/Wasser ist vom Wesen her Pazifist und Humanist, angezogen von sozialen Problemen, den Lebensbedingungen der Menschen und von der Gerechtigkeit. Im übrigen wird ihn die Metaphysik wenig beschäftigen. Das Wasser wird kaum seinen Flug zum Großen Bären erleichtern, sondern eher zu den Herzen der Menschen.

Ratschläge für einen Drachen/Wasser

Sie sind von Natur aus dynamisch; haben Sie Selbstbewußtsein, vertun Sie nicht Ihre Chancen, indem Sie in einem kleinen Bassin herumplanschen, während Sie sich zu den Ozeanen hingezogen fühlen ...

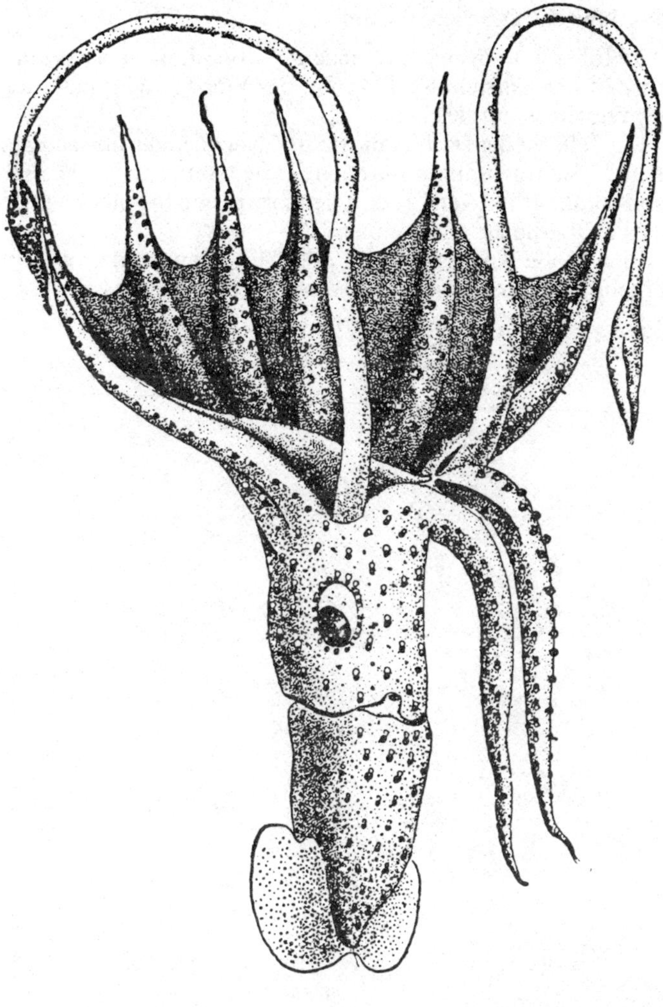

Fühlt sich wohl in großen Tiefen

Das Jahr des Drachen/Wasser

Der Höhepunkt in einem Drachen/Wasser-Jahr ist der Winter, die Zeit der Entstehung. Das Yin des Wassers wird das Yang des Drachens ausgleichen.

Ein Jahr, in dem sich Handeln und Nachdenken abwechseln. Bleiben Sie wachsam, mißtrauen Sie dem schlafenden Wasser. Und wenn Sie aktiver Taucher sind, vergessen Sie nicht, wieder an die Oberfläche zu kommen.

Eine große Anstrengung ist nötig, um Pläne und große Unternehmungen nicht in Vergessenheit geraten zu lassen.

Historisches Beispiel für ein Jahr des Drachen/Wasser

1712

Seit zwölf Jahren führt Ludwig XIV. allein gegen ganz Europa einen verzweifelten Krieg, um den spanischen Thron für seinen Enkel Philipp V. zu erhalten. Dieser Konflikt hat Frankreich an den wirtschaftlichen und militärischen Abgrund gebracht. Das Land ist überfallen, Paris bedroht. Aber der König weigert sich, Versailles zu verlassen. Im Juli 1712 wird Prinz Eugen, der die alliierten Truppen kommandiert, gedrängt, ein Ende zu machen. Seine Strategie ist unüberlegt, er dehnt seine Linien gefährlich weit zwischen Denain und Marchiennes aus.

Voltaire schreibt: »Marschall de Villars brachte dem Prinzen die Wende. Ein Korps von Dragonern näherte sich auf Sichtweite dem feindlichen Lager. Es sah aus, als seien sie zur Attacke bereit. Und während sich die Dragoner in Richtung Guise zurückziehen, marschiert der Marschall mit seiner Armee auf Denain zu (24. Juli). Man treibt den General Albermale in die Enge, alle werden getötet oder gefangengenommen. Prinz Eugen kommt gegen Ende der Aktion herbeigeeilt, um die Truppen zu übernehmen. Er will eine Brücke angreifen, die nach Denain führt und von den Franzosen gehalten wird. Dort verliert er viele seiner Leute und kehrt nach dieser Niederlage in sein Lager zurück.

Die Posten entlang des Flusses Scarpe in Richtung Marchiennes werden einer nach dem anderen in großer Schnelligkeit eingenommen. Man stößt nach Marchiennes vor, das von 4000 Männern verteidigt wird. Man nimmt es schnell ein, und nach drei Tagen sind alle Verteidiger Gefangene. Außerdem bringt man sich in den Besitz der gesamten Munition und des Proviants (30. Juli). Die Überlegenheit ist nun auf seiten von Marschall de Villars. Der Feind ist auseinandergetrieben. Die Grenzen sind gesichert. Die Armee des Prinzen Eugen zieht sich zurück, um fast 50 Bataillone verringert, von denen 40 seit dem Kampf von Denain gefangengenommen wurden.«

Man wird das später das »Wunder von Denain« nennen. Dank der veränderten Situation kann Ludwig XIV. einen ehrenvollen Frieden aushandeln und die Bourbonen auf Dauer auf dem spanischen Thron einsetzen.

DER DRACHE/HOLZ

(Jahrgang 1904 und 1964)

Im Osten des Himmels wehte der Wind, und aus seiner warmen Liebkosung der Erde wurde das Holz geboren.

Die Tendenz Drache/Holz

Das Holz gehört zum Morgen, zum Frühling, zu einer sanften Natur, es liebt Harmonie, Schönheit und Eleganz. Die Jahres-

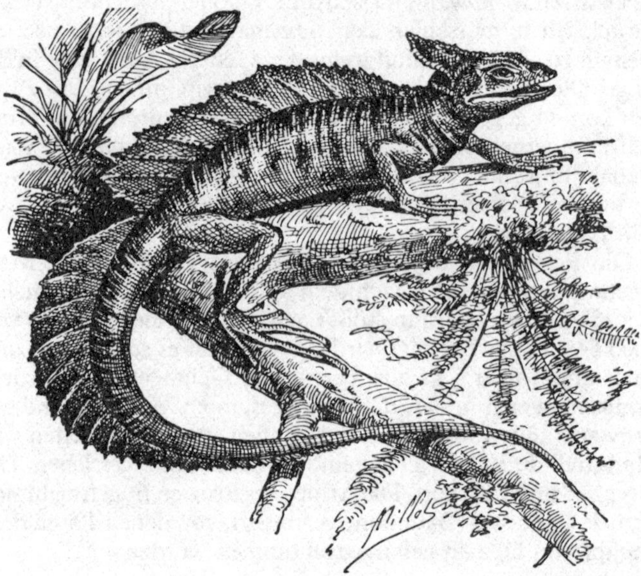

zeit wird ihm Ausgeglichenheit und schöpferische Kraft geben, Sinn für das Schöne, die Harmonie, die Natur, und wird ihn aus seiner Unterwassergrotte treiben oder in seinen Schlupfwinkel hinunterschicken. Der Drache wird entdecken, daß es noch andere Schätze gibt als die, die er eifersüchtig bewacht. Als Himmelsgeschöpf wird er die Beine mehr auf der Erde haben, als Wassergeschöpf wird er den festen Boden entdecken. Als unterirdisches Wesen wird er die Oberfläche wiederentdecken, wie sie am hellichten Tag, in der Sonne, im hellen Morgenlicht ist. Aber das Holz ist auch maßlos, Symbol der Leidenschaft und Wut. Das ist eine Neigung, vor der der Drache/Holz sich hüten muß.

Die Gesundheit des Drachen/Holz

Das Organ ist die Leber, die Geschmacksrichtung das Saure. Der Drache/Holz wird immer unruhig und besorgt sein und hat eine Neigung zu bösem Blut und Aufregung. Und er wird manchmal versucht sein, das durch eine Art übermäßige Freßsucht zu kompensieren.

Der Drache/Holz und die anderen

Das Element macht den Drachen dazu fähig, gegenüber der Gesellschaft eine entspannte, lockere Haltung einzunehmen, die sein etwas strenges, ja unbewegliches Naturell überdeckt. Außerdem wird die schnellentschlossene Seite des Drachen den Pessimismus des Holzes mildern und verhindern, daß er in Gedanken an Melancholisches und Selbstzerstörung versinkt. Diese Seite wird ihn anregen, ihn vorantreiben, ihn zwingen, auch bei Niederlagen überlegen zu bleiben und sich nicht mit ihnen abzufinden.

Der Drache/Holz wird sich bei festen Strukturen lieber für die Improvisation entscheiden, er wird oft auf seine Fantasie zurückgreifen und bis an die äußerste Grenze seiner Ideen gehen. Erfinderisch und schöpferisch wie er ist, werden die Künste Anziehungskraft auf ihn ausüben, genau wie die Natur und alles, was Harmonie und Schönheit symbolisieren kann.

Ratschläge für einen Drachen/Holz

Sie sind unter einem guten Stern geboren, Sie haben eine gute Konstitution, Sie sind für die Künste empfänglich, und Ihr Universum neigt zur Harmonie. Einerseits sind Sie pessimistisch und draufgängerisch, andererseits verführen und gefallen Sie gern. Zerstören Sie also Ihre Chancen nicht durch unnötige Ausbrüche und Wutanfälle zur Unzeit.

Das Jahr des Drachen/Holz

Der Höhepunkt des Drachen/Holz-Jahres ist der Frühling, die Zeit des Wachsens und Gedeihens.

In diesem Jahr werden Sie voll neuer Kraft sein, Sie werden eine schöpferische Seele bei sich entdecken, die Natur wird die Quelle der Inspiration sein. Sie wird Ihnen Schönheit und Harmonie schenken ebenso wie die notwendige Einfühlsamkeit für die Vollendung aller Werke.

Historisches Beispiel für ein Jahr des Drachen/Holz

1244

Zu Beginn des 13. Jahrhunderts hat sich der Katharismus über den ganzen Süden Frankreichs verbreitet. Zutiefst beeinflußt von dem alten persischen Manichäismus lehnt diese Doktrin die Fundamente des Christentums ab. In Okzitanien, dem südlichen Frankreich also, trifft diese Doktrin auf eine Lebensart und Zivilisation, die völlig anders ist als die Sitten in Nordfrankreich. Hier stehen sich das südliche und das nördliche Altfranzösische gegenüber. Der Kreuzzug der Dominikaner, 1209 auf Veranlassung des Papstes und des französischen Königs begonnen, betont auch mehr den Zusammenprall zweier Zivilisationen als das Ausbrechen eines Religionskrieges. Der Konflikt wird lange und erbarmungslos ausgetragen, und die beiden Lager übertreffen sich gegenseitig an Grausamkeit. Aber die Kräfte sind ungleich verteilt. Simon de Montfort, militärischer Chef des Kreuzzuges, verwüstet den Süden. Die Städte Carcassonne und Béziers werden dem Erdboden gleichgemacht, Tausende von Ketzern getötet. Dann folgen Albi, Toulouse und Narbonne. Aber der Kampf zieht sich in die Länge und zerstört nach und nach diese Gesellschaft der Troubadours, die eben noch so glänzend und reich war.

1244 hält eine sehr wichtige Festung noch stand: Montségur. Das Schloß wurde zwischen 1205 und 1210 auf den Trümmern eines alten Forts gebaut. Die Geistlichen der Katharen hatten es dringend gefordert, es sollte das geistige Zentrum und der militärische Stützpunkt der Sekte sein.

Ein Jahr lang werden die Verteidiger, zusammen mit der Elite der katharischen Sekte solide verschanzt, alle Angriffe zurückschlagen. Aber die Belagerer können erfolgreich ein kleines Vorwerk einnehmen, das nach Osten hin frei liegt und ihnen erlaubt, Kontakt nach außen zu halten und Proviant zu bekommen. Da kapituliert Montségur. Pierre Roger de Mirepoix hatte jedoch kurz vor der Aufgabe den Schatz der Katharer retten können. Am 1. und 2. März wurden 200 Ketzer verbrannt. Unter ihnen war Bertrand Marti, den die Katharer zum Bischof gewählt hatten. Da sie sich alle geweigert hatten, zum rechten Glauben zurückzukehren, wie man es ihnen nahegelegt hatte, wurden sie eingesperrt und verbrannt, so kamen sie aus dem Feuer der Pein in das Feuer der Unterwelt.« (Guillaume de Puylaurens – René Nelli, Les Cathares, C. A. L.)

Die kalte Macht der Kapetinger obsiegt endgültig über den Zauber und die Romantik des Südens.

DER DRACHE/FEUER

(Jahrgang 1916 und 1976)

Im Süden am Himmel wurde die Wärme geboren, sie stieg auf die Erde und machte sie fruchtbar. Aus ihrer Vereinigung entstand das Feuer.

Die Tendenz Drache/Feuer

Das Element Feuer gehört zum Süden, zum Sommer, das Feuer ist Yang, es ist das Element, das wärmt, brennt, verändert, vernichtet.

Das Feuer, das im Drachen wohnt, wird seine Kräfte steigern, wird das Tier in einen Brennenden Dornbusch, in ein ständig loderndes Feuer verwandeln, das sich an sich selbst neu entfacht und seine Batterien auflädt. Dieses Feuer kann innerlich sein, denn der Drache wird im permanenten Wachzustand sein, sein Hunger nach Licht wird die nie erlöschende brennende Quelle suchen. Aber er muß sie erst finden und darf sie nicht zum Versiegen bringen.

Die Gesundheit des Drachen/Feuer

Das Organ des Feuers ist das Herz, seine Geschmacksrichtung das Bittere. Feuer des Sommers, Feuer des Südens, Yang und Yang. Beherrschen Sie Ihre Wutausbrüche und Ihre Aggressivität, wenden Sie sich ab von der Gewalt. Haushalten Sie mit Ihren Kräften, verschwenden Sie Ihre Energie nicht unnötig, und wenn Sie sich dazu entschließen, sich zu pflegen und sich in den Griff zu bekommen, wählen Sie nicht die Pferdekur ...

Der Drache/Feuer und die anderen

Das Feuer symbolisiert die Aggression, aber auch die Helligkeit und die Klarsicht. Es ist leidenschaftlich und heftig, leicht aufbrausend, wenig diplomatisch und zögert nicht, die Standarte des Krieges zu schwingen. Als Mensch der Tat, als wilder, aber klarsichtiger Abenteurer, Künstler – allerdings nur am Rande – und alles andere als ein Konformist, wird der Drache/Feuer nie

Feuer und Flamme

ein lauwarmer, mittelmäßiger Mensch sein. Wenig tolerant und auf glühenden Kohlen lebend, sollte er sich für die Entspannung durch Yoga interessieren.

Ratschläge für einen Drachen/Feuer

Sie haben keine Wahl, Sie werden sich selbst so hinnehmen müssen, aber tun Sie nicht noch mehr dazu, sonst werden Sie für Ihre Umwelt – und, auf lange Sicht, auch für Sie selbst – anstrengend.

Das Jahr des Drachen/Feuer

Der Höhepunkt eines Drachen/Feuer-Jahres ist der Sommer, die Zeit der Schöpfung. Ihre Yang-Neigung wird zum »großen Yang« hingehen, was Ihnen in jeder Beziehung Dynamik geben wird.

Ein Jahr des Handelns und der Schöpfung, des materiellen Erfolgs, der geistigen Erhebung. Aber lassen Sie sich körperlich und geistig nicht überrumpeln, oder Sie werden von Ihrem eigenen Feuer verzehrt. In einem besonders kritischen Zusammenhang kann Ihnen ein großer Sprung einen unerwarteten Triumph einbringen.

Historisches Beispiel für ein Jahr des Drachen/Feuer

1856

Zwei Jahre lang tobte der Krim-Krieg, wo die britischen und französischen Truppen, unterstützt von den Türken und den Piemontesern, mit den Russen kämpften. Die Belagerung von Sewastopol hatte sich über Monate hingezogen und beide Lager geschwächt und ausgeblutet. Die Russen wurden schließlich besiegt, und Anfang 1856 kamen die Befürworter des Friedens zum Zug.

»Vorverträge wurden in Wien unterschrieben. Aber um einem endgültigen Vertrag mehr Breitenwirkung zu geben, um ihm Feierlichkeit zu verleihen, entschloß sich Napoleon III., einen Kongreß der Großmächte nach Paris einzuberufen.

In der Tat, Frankreich zog keinerlei materiellen Vorteil aus einem mörderischen, kostspieligen Krieg. Aber durch sein Desinteresse am Materiellen hatte der Kaiser moralisches Ansehen gewonnen, das ihn scheinbar zum Schiedsrichter Europas werden ließ. Die in Paris anwesenden Diplomaten rühmten seine Mäßigung, seine Großzügigkeit und die liebenswürdige Herzlichkeit seines Empfangs. ›In dem Maß, wie ich ihn näher kennenlerne, finde ich ihn immer besser‹, sagte der Gesandte Englands, Lord Clarendon. Einige Monate später wurde der Comte de Morny als Botschafter an den Hof von Zar Alexander II. geschickt. Der Zar ließ ihn gnädig wissen: ›Orlow (das war der Abgesandte Rußlands) ist aus Paris zurückgekehrt, ganz unter dem Eindruck des Charmes Ihres Kaisers.‹ Die meisten Diplomaten des Kongresses hatten ein ähnliches Gefühl und verbreiteten es in ihren Ländern. Im Laufe dieses Jahres 1856 schafft ein glückliches Ereignis, die Geburt eines Thronfolgers, neues Vertrauen in die Zukunft der Dynastie.« (»Napoleon III.« von P. Guériot.)

Mit der wirtschaftlichen Expansion und der Fortführung der großen städtischen Arbeiten markiert diese Periode den Höhepunkt des Zweiten Kaiserreiches.

DER DRACHE/ERDE

(Jahrgang 1928 und 1988)

Der feuchte Zenith floß langsam vom Himmel, um die Erde zu erzeugen.

Die Tendenz Drache/Erde

Die Erde gehört zum Nachmittag, vom Sommer warme und feuchte Erde. Die Erde ist das Symbol des weichen Nestes, der Behaglichkeit und des Überflusses. Erde der langsamen, tiefgreifenden Verwandlungen.

Gesegnete Erde für den Drachen, mit ihren Höhlen und vergrabenen Schätzen, zur Meditation und zur Konzentration einladend, Erde des Nachdenkens, Erde, in der alles aufkeimt, reift und stark wird. Erde – Zuflucht, Unterschlupf und einsame Höhle, die Feen und Monstern Schutz bietet, weit weg von allen Prüfungen, Konflikten und Angriffen der Außenwelt. Wenn manchmal ein Rückzug nötig ist, darf er nur ein Mittel, eine Etappe sein. Die Ruhe, Erwartung und das Nachdenken haben ihre Zeit, aber auch das Handeln, das Auftauchen an die Oberfläche, an die Luft und ins Ungeschützte. Die Erde kann eine Falle, ein Gefängnis, ein Grabstein sein. Schütteln Sie Ihre Schuppen, lassen Sie den Boden erzittern, aber schließen Sie sich keinesfalls da unten ein.

Die Gesundheit des Drachen/Erde

Das Organ der Erde ist die Milz, die Geschmacksrichtung ist das Milde. Wenn der Drache/Erde nicht aktiv ist, kann er mürrisch werden und zur Rundlichkeit neigen. Wenn Sie nicht rechtzeitig reagieren, droht Ihnen geistige Lähmung, und ein unbeweglicher Drache macht niemandem mehr Angst. Also, auf ...

Der Drache/Erde und die anderen

Der Drache/Erde ist realistischer als seine Genossen. Materialistisch, klug, aufmerksam neigt er dazu, zu sammeln und zu

Ein wenig schwergewichtig

spekulieren. Er wird ein fleißiger, pflichtbewußter Arbeiter sein, aber aus Angst vor dem Risiko kann es ihm an Spannweite fehlen. Die Familie wird er sehr umsorgen, und Frau Drache hat ausgeprägte mütterliche Instinkte.

Ratschläge für einen Drachen/Erde

Sie sind ein wenig ein Stubenhocker und Pantoffelheld, manchmal wunderlich und despotisch, immer nur an Arbeit denkend. Wenn Sie Ihre Angewohnheiten und Ticks nicht ein wenig unterdrücken, wird man Ihnen aus dem Weg gehen, und Sie gehen das Risiko ein, allein zu bleiben. Geben Sie Ihren Beziehungen ein wenig Leidenschaft und Ihren Neigungen ein wenig Wärme. Und damit Sie schlafen, lassen Sie den Tresorschlüssel auf dem Nachtschrank. Lernen Sie zu träumen.

Ein Jahr des Drachen/Erde

Der Höhepunkt in einem Drachen/Erde-Jahr ist der Sommer. Sommer, der gut ist für Drachen. Von materiellen Zwängen befreit, wird sich der Drache dem Schöpferischen und der Forschung widmen können. Er wird schließlich ein wenig mehr Zeit für sich und andere haben. Aber nutzen Sie sie nicht, um sich in Ihrem Elfenbeinturm einzuschließen, sondern öffnen Sie die Pforten, erweitern Sie Ihren Horizont, hören Sie auf Ihr Herz. Zuviel Isolation könnte zu Dünkel und in die Katastrophe führen.

Historisches Beispiel für ein Jahr des Drachen/Erde

1808

In einem Europa, das fast völlig von der napoleonischen Vorherrschaft unterjocht ist, bildet die iberische Halbinsel die einzige echte Stätte des Widerstands.

Seit Jahren ist der spanische Hof Schauplatz von Skandalen und Gegenstand öffentlichen Spotts. Königin Marie-Louise, eine fast verunstaltete Megäre, hat öffentlich eine Liaison mit einem alten Leibwächter, Manuel Godoy, den sie zum Großadmiral, Premierminister und »Prinz des Friedens« ernannt hat. Der alte König Karl IV. erträgt all die unglaublichen Beleidigungen und Erniedrigungen ohne zu murren. Er trägt sogar eine Willfährigkeit zur Schau, die seine Untertanen empört. Eine Revolte bricht aus, um den König zum Abdanken zu zwingen zugunsten seines Sohnes, des Infanten Ferdinand. Im April nimmt das königliche Paar, zusammen mit dem Liebhaber, Zuflucht bei Napoleon in Bayonne. Der junge Ferdinand folgt ihnen und trägt seine Sache dem Kaiser vor. Angewidert und voll Abscheu beleidigen sich Vater und Sohn gegenseitig in Anwesenheit von Napoleon. Schließlich dankt Karl zugunsten des Franzosenkaisers ab. Für ihn ist das besser, als den Thron dem Infanten zu überlassen. Joseph, der älteste Bruder Napoleons, wird zum König von Spanien erhoben und macht sich auf den Weg nach Madrid.

Aber das spanische Volk leistet gegen diese Usurpation blutigen Widerstand, es erhebt sich gegen die französischen Besatzungstruppen. Ein Korps der Großen Armee kapituliert am 22. Juli. Joseph muß aus Madrid abziehen. Die Engländer lassen ihre Rotröcke auf der Halbinsel landen, um die Widerstandskämpfer zu unterstützen. Die Franzosen strömen aus allen Landesteilen in Richtung Pyrenäen. Die Sache ist so schlecht organisiert, daß Napoleon im Herbst beschließt, selbst einzugreifen, um die »spanische Kanaille zu bestrafen«. Dabei hatte er gedacht, er könne die Spanier durch die Abschaffung

der Inquisition und der Vorherrschaft der Geistlichkeit auf seine Seite bringen.

Am 5. November ist der Kaiser in Vitoria, südlich von Bilbao, wo er das Kommando über die Armee übernimmt. Am 10. vernichtet er in Burgos die spanischen Truppen. Am 30., am Ende eines heftigen Angriffs, erstürmt er die Höhen der Sierra. Das öffnet ihm die Straße nach Madrid, deren Verteidiger am 4. Dezember kapitulieren. Joseph wird wiedereingesetzt als König, und die Engländer haben gerade noch Zeit, sich einzuschiffen, um einer Katastrophe zu entgehen. Napoleon kehrt nach Paris zurück, wo ihn zahlreiche andere Probleme erwarten. Aber die Engländer werden zurückkehren, und die Spanier nehmen den Kampf wieder auf und führen über sechs Jahre einen gnadenlosen, für die Große Armee unglaublich teuren Untergrundkrieg. Spanien wird zur »Kloake des Imperiums« und einer der Gründe für dessen Zerfall.

Die spanischen und portugiesischen Kolonien in Lateinamerika werden daraus ihren Nutzen ziehen und die Brücken nach Madrid und Lissabon abbrechen. Für all diese Völker wird es der erste Schritt in Richtung Unabhängigkeit.

DER DRACHE/METALL

(Sie sind 1904 oder 1964 geboren)

Vom Westen am Himmel kommend, berührte die Trockenheit die Haut der Erde und erzeugte das Metall. Winde aus weit entfernten Steppen auf der Suche nach der Lebenskraft.

Die Tendenz Drache/Metall

Das Metall gehört zum Abend, zum Herbst und zur Kälte. Es symbolisiert die Klarheit, die Reinheit und die Festigkeit. Er wird es sein, der trennt und schneidet. Sein Temperament wird unbeugsam und ehrbar sein, seine Reden bissig. Er wird zwischen Schönheit und Zerstörung schwanken. Im übrigen wird er Sinn für Leistung haben. Bei der Ernte wird er das Eisen sein, das die Ähren schneidet. Leider erzeugt zuviel Strenge Traurigkeit und Mißmut.

Bei einem sowieso schon zu kräftigen, zu strikten Drachen bringt der Zusatz Metall die Neigung, ihn in einen Panzer, in eine komplette Rüstung einzuschließen und ihn so von sich selbst und von den anderen zu isolieren. Da der Drache nicht leicht zu großen Gefühlen kommt, neigt das Metall dazu, eine Gefühlskälte zu erzeugen und den Mangel an Einfühlungsvermögen zu steigern. Achtung! Seien Sie umsichtig und aufmerksam. Die geheimnisvollen Gipfel werden Sie unwiderstehlich anziehen, aber sie können zur gefährlichen Zuflucht, zu einem Luftschloß werden. Möge sich der Schleier der Illusionen lüften, damit Sie nicht erwachen und im freien Fall in den Abgrund stürzen.

Die Gesundheit des Drachen/Metall

Das Organ des Metalls ist die Lunge, seine Geschmacksrichtung ist das Scharfe. Der Drache/Metall, auf der Suche nach Ausgeglichenheit, wird viele Atemübungen machen müssen, die für eine allgemeine Entspannung seines Organismus unentbehrlich sind.

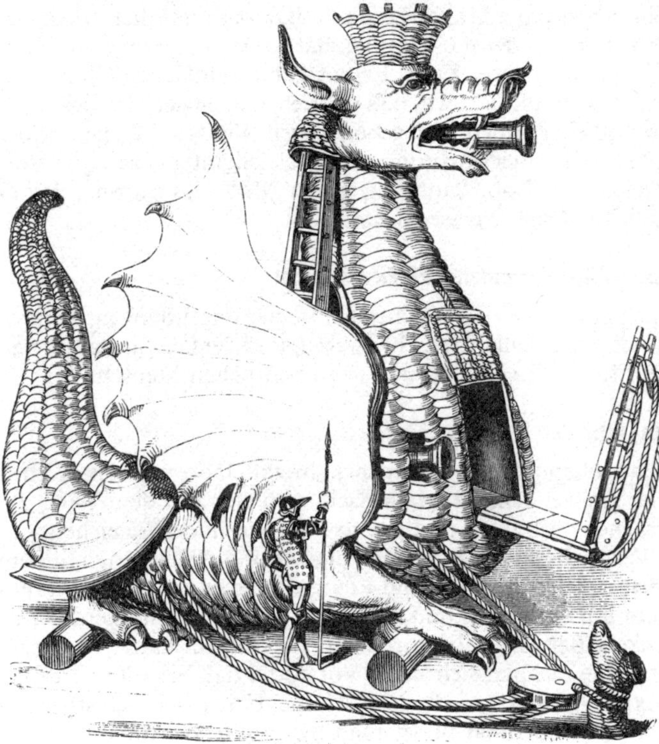

Eine gewisse Härte

Der Drache/Metall und die anderen

Der Drache/Metall ist kraftvoll, ein Mensch der Entscheidungen und Maßnahmen. Im Innersten ein Chef, der befiehlt, richtet und entscheidet, wird er aber immer gerecht und integer sein. Er ist ohne Makel, ein Fanatiker der pünktlich erledigten Arbeit, gut in der Ausführung, hart gegen sich selbst, unerbittlich gegen andere. Kurz: Er hat keinen einfachen Charakter, und er weiß es auch, was ihm das Leben nicht gerade erleichtert. Er wird aber seinen Weg gehen, gegen Wind und Wellen, seiner selbst und seiner Richtung sicher, gleichgültig gegenüber Vorwürfen und Lob, kaltblütig in der Mitte des Sturms, den er manchmal selbst geweckt hat.

Ratschläge für einen Drachen/Metall

Entspannen Sie sich, machen Sie Lockerungsübungen, nehmen Sie sich ein wenig fröhliche Freizeit und denken Sie daran, daß die Friedhöfe voll sind von unentbehrlichen Menschen ...

Ein Jahr des Drachen/Metall

Der Höhepunkt eines Drachen/Metall-Jahres ist der Herbst. Die Yin-Tendenz der Jahreszeit wird sich mit dem Yang des Drachen verbinden und ihn so mäßigen und ausgleichen.

Verwechseln Sie nicht Wendigkeit und Ablenkung mit dem Verlust von Spannung und Energie. Nutzen Sie diese Zeit, um mehr auf sich selbst und andere zu hören, und Sie werden entdecken, daß das sehr vorteilhaft für Sie sein kann, vorausgesetzt, Sie machen sich keine Vorwürfe, daß Sie »den Griff gelockert haben«. Auch das ist eine Form der Selbstbeherrschung. Manchmal findet man die größte Bestätigung, wenn man sich vollkommen unterwirft.

Historisches Beispiel
für ein Jahr des Drachen/Metall
800

Seit 768 ist Karl, ältester Sohn von Pippin dem Kurzen, König der Franken. Als Sieger über die Langobarden hat er den ganzen Norden Italiens unterjocht. 785 hat er das Königreich Aquitanien gegründet und das bayerische Herzogtum unterworfen. Trotz seiner Niederlage in Spanien, wo die Araber ihm trotzten, gründet er dort eine Mark zur Grenzsicherung und 790 eine weitere in der Bretagne. 799 vernichtet er die Awaren und gliedert Sachsen in das Frankenreich ein. Er führt überall das Christentum ein, oft mit Gewalt, mit Massaker und Folter. Zur selben Zeit tauscht er Botschafter mit dem mächtigen Kalifen von Bagdad, Harun al Raschid, aus.

Seine Eroberungen erstrecken sich über den größten Teil des weströmischen Reiches. Von seiner Hauptstadt Aachen aus herrscht er mit unerbittlicher Autorität über alle seine Provinzen.

Am 23. Dezember 800 vereint Karl im Petersdom in Rom in der Anwesenheit von Papst Leo III. eine große Versammlung von kirchlichen Würdenträgern und Laien, von Römern und Franken. Man bittet den König feierlich, den Kaisertitel und die kaiserlichen Insignien anzunehmen. Bei diesem einstimmigen Wunsch läßt Karl sich überreden – er nimmt an.

»Die Krönung findet zwei Tage später statt, am Weihnachtstag. Am Morgen des 25. Dezember füllte eine große Menschenmenge den Petersdom, wo die Weihnachtsmesse zelebriert werden sollte. Karl wurde von seinem ältesten Sohn begleitet, der bei dieser Gelegenheit zum König gesalbt werden sollte. Vor der Messe wollte Karl sich sammeln. Als er zum Gebet niederkniete, setzte ihm der Papst die Krone auf das Haupt. Karl stand wieder auf, und Römer und Franken riefen:

›Es lebe und siege der erhabene Karl, gekrönt von Gott, großer und friedvoller Kaiser der Römer!‹

Dann tat der Papst einen Kniefall vor Karl, das Gesicht zur Erde gewandt, und ›betete ihn an‹ gemäß dem byzantinischen Ritus, während die Anwesenden Lobgesänge anstimmten.« (Delperrié de Bayac, Karl der Große, Ed. J. C. Lattès.)

Vergleichende Übersicht über die verschiedenen Elemente

Elemente	Holz	Feuer
Ziffer	8	7
Farben	grün	rot
Jahreszeit	Frühling	Sommer
Klima	Wind	Hitze
Geschmack	sauer	bitter
Hauptorgan	Leber	Herz
Nebenorgan	Blase	Dünndarm
Nahrung	Getreide, Geflügel	Reis, Schaf

Übersicht über das Verstehen zwischen den Elementen

			Frau Holz
○○○	Wunderbares Glück	**Mann/Holz**	● ●
○○	gute Übereinstimmung, Verständnis	**Mann/Feuer**	○
○	müssen sich Mühe geben	**Mann/Erde**	● ●
●	Rivalität und Probleme mit gegenseitiger Beherrschung	**Mann/Metall**	○
●●	Disharmonie und Unverständnis	**Mann/Wasser**	○ ○

Erde	Metall	Wasser
5	9	6
gelb	weiß	schwarz
Ende des Sommers	Herbst	Winter
Feuchtigkeit	Trockenheit	Kälte
milde	scharf	salzig
Milz	Lunge	Nieren
Magen	Dickdarm	Blase
Mais, Rind	Hafer, Pferd	Erbsen, Schwein

Frau Feuer	Frau Erde	Frau Metall	Frau Wasser
○	○ ○ ○	○	○ ○
○	○ ○	●	● ●
○ ○	○ ○	○ ○ ○	●
● ●	●	● ●	○ ○ ○
● ●	●	○ ○ ○	○

Drache: Es ist besser, nicht im Sturmzeichen geboren zu sein.

4. Teil

嚴駕出北城門，天復化作沙

DER DRACHE IN DEN VIER JAHRESZEITEN

受死。於是太子迴車還宮，愍

Wenn Sie im Frühling geboren sind

Drache/Widder

Man kann nicht auf den Widder zählen, wenn es darum geht, den Überschuß an Lebenskraft und Energie bei dem Drachen zu mäßigen. Im Gegenteil, miteinander verbunden steigern diese beiden Zeichen ihre positiven und negativen Neigungen bis ins Unendliche, denn sie haben viele Gemeinsamkeiten.

Der Drache/Widder ist aktiv. Er strahlt vor Charme, fließt über von Lebenslust und Begeisterung. Er schenkt Ihnen eines der wärmsten, offensten Lächeln, das er hat, und gibt Ihnen so Rückenstärkung, so daß Sie sich wie Superman fühlen. Sie sind bereit, ihm blind nach Ägypten oder Sibirien zu folgen, ohne zwischendurch die Kleidung zu wechseln. Sie nehmen einfach Anlauf. Der Drache/Widder ist nicht geduldig. »Alles sofort« könnte seine Devise sein. Wenn Sie ihn lieben, gehen Sie das Risiko ein, sich völlig kaputtzumachen bei dem Versuch, seinen Weg zweimal hintereinander in einem ganzen Leben zu kreuzen. Er ist ein Drache mit Folgen ...

Er ist treu und loyal, aber überhaupt nicht fein und zuvorkommend. Dazu hat er keine Zeit. Er ruft sehr oft widersprüchliche Gefühle hervor: Man liebt ihn und man haßt ihn. Man nimmt ihm übel, daß er nur das Geradeaus kennt und die Kurven ignoriert. Er ist sich dessen nicht einmal bewußt. Der kürzeste Weg von einem Punkt zum anderen ist eben die gerade Linie, anderes zählt nicht. Als guter Drache/Widder ist man vor allem fähig, allen Hindernissen mit einem Lächeln zu begegnen.

Drache/Stier

Der Realismus des Stiers und seine geduldige Seite, die konstruktiv und pragmatisch ist, können nur gut sein für den Drachen. Bevor er seine Flammen spuckt, wird er sich seiner Reserven an Brennstoff versichern. Er wird Energie sparen. Der Drache/Stier ist voller Energie und sehr wirkungsvoll. Wenn er einmal einen Weg gewählt hat, wird er zum supermodernen

Drache/Stier: sinnlich

Panzer, fähig, das ganze Amazonasgebiet zu roden und in einen englischen Rasen umzuwandeln. Dazu schießt er in alle Richtungen, um alle Verfolger zu vernichten. Er ist nicht zu zähmen. Begabt für alles Materielle und Finanzielle, wird der Drache/

Stier selten dünne Suppe löffeln. Wenn er am Anfang auch nur ein Sandkorn hat, wird er daraus ein Hochhaus bauen; mit wenig in der Hand kann er viel in die Tat umsetzen. Und er läßt sich nicht bezwingen.

Für einen Drachen ist er sehr gefühlvoll, und wenn er sich, wie alle seine Gefährten, von intensiven Gefühlen anregen läßt, besteht einige Aussicht, daß er sie auch teilt und daß das andauert. In der Liebe ist er leicht zu schnell und wird ärgerlich, wenn man ihm prüde widersteht. Wenn Sie Husaren lieben, dann nur zu! Und wenn Sie eine Dame Drache/Stier verführen wollen, schicken Sie ihr nicht länger als eine Woche lang Blumen. Sie braucht konkretere Beweise ...

Drache/Zwillinge

Dieser brillante, aber oft oberflächliche Drache kann leicht wie ein Meteor durch Ihr Leben fliegen. Der Luftzug der Zwillinge schürt die Flammen, die er spuckt. Das gibt einen wunderbaren Brand, ein Feuerwerk, ein Freudenfeuer ab. Es kann für wenige Sekunden die Welt heller, die Nacht zum Tag, den Winter zum Sommer machen. Dann erlischt es ... Das ist das Problem des Drachen/Zwillinge. Ungeduldig und erregbar, hat er nicht immer die Kraft und das Durchhaltevermögen, um alle seine Versprechen zu halten. Achtung! Der Drache/Zwillinge meint es ernst. Er will niemanden ausnutzen. Er geht einfach nur oft zu weit, ist zu schnell und ist ein paar Meter vor dem Ziel erschöpft. Er sollte beispielsweise mit einer Ratte/Steinbock zusammenarbeiten. Er braucht von Zeit zu Zeit eine richtige Dusche, damit seine Glut weiterglimmt und sich nicht vergeblich verzehrt.

Wenn er sehr früh lernt, mit seinen Kräften hauszuhalten, wird der Drache/Zwillinge weit kommen, denn er ist intelligent, begabt für alles, kann sich schnell anpassen und schnell urteilen. Wie auch immer, man kann sich auf ihn verlassen: Er wird immer jemanden finden, der seine Arbeit für ihn zu Ende bringt ...

Wenn Sie im Sommer geboren sind

Drache/Krebs

Ein friedfertiger, eigensinniger Drache. Die Tatsache, daß er unter dem Wasserzeichen Krebs geboren ist, besänftigt sein Feuerspucken deutlich und macht es zu einem behaglichen Kaminfeuer, das wärmt und gut geschürt wird. Der Drache/Krebs macht den Eindruck, als könne er Ihnen die Sicherheit geben, von der Sie seit der Kindheit träumen. Er geht tatsächlich sehr gut um mit denen, die ihm nahestehen, und ist von einem eher sanften Temperament, für einen Drachen jedenfalls. Es wäre allerdings ein großer Fehler, ihn für geduldig zu halten, nur weil er nicht alle zehn Minuten explodiert. Der Drache/Krebs ist ein ruhender Vulkan. Er kann lange ruhig bleiben, indem er sich in lobenswerter Weise bemüht, sich nicht aufzuregen. Aber zum Äußersten getrieben, wird er zum Vesuv. Reizen Sie ihn also nicht, wenn Sie nicht wirklich eine Schwäche für die Ruinen von Pompeji haben.

Der Drache/Krebs hat außerordentlich viel Fantasie, und er kommt leicht zu bisher unbekannten Lösungen. Auf geschickte Weise autoritär, kann er in Geschäften Erfolg haben, die ihn mit der Öffentlichkeit in Berührung bringen. Dazu gehört auch die Politik. Aber das Wichtigste wird trotz allem immer seine Familie sein. Die wird er hüten wie einen Schatz.

Drache/Löwe

Das wenigste, das man von ihm sagen kann, ist, daß er nichts von einem Schwächling an sich hat. Ob Mann oder Frau, der Drache/Löwe ist zum Herrschen geschaffen, egal, auf welcher Ebene. Er ist brillant, sympathisch, ein wenig egoistisch und liebt es, wenn man ihm schmeichelt, ihn bewundert und beweihräuchert. Er neigt dazu, Menschen nur wahrzunehmen, wenn sie ihm ein Kompliment machen. Der Drache/Löwe ist empfänglich für Äußerlichkeiten, für Eleganz. Als Mann wird er eine Frau wählen, die ihm zur Ehre gereichen kann. Als Frau

Drache/Löwe: mächtig

wird er nicht irgend jemanden heiraten – und versuchen, aufgrund seiner eigenen Persönlichkeit zum Erfolg zu kommen.

Die Intelligenz des Drachen/Löwe ist eher erhellend als analytisch. Mit ihm sollte man sich daran erinnern, daß nicht alles Gold ist, was glänzt. Wenn Sie von ihm erwarten, daß er tiefe Gefühle zeigt, riskieren Sie eine Enttäuschung. Dafür werden Sie sich nicht langweilen mit ihm. Er ist ein unterhaltsames Geschöpf, voller Vitalität und Energie und immer voller überschäumender Ideen. Er haßt Routineaufgaben und schreckt vor Angeberei nicht zurück. Er liebt es, zu überraschen und zu gefallen.

Drache/Jungfrau

Ein genauer Drache. Wenn er Flammen spuckt, dann sind das Laserstrahlen. Er hat sein Ziel markiert und riskiert nicht, es zu verfehlen. Er ist sehr wirkungsvoll, beherrscht seine Energie ausgezeichnet und nutzt alle seine Möglichkeiten maximal. Sein bescheidenes Äußeres täuscht. Er ist ehrgeizig und läßt nichts aus, um Erfolg zu haben, aber seine Feinde zertritt und pulverisiert er nur bei Nebel, wenn man ihn nicht sieht. Und nur wenn das Ergebnis in seinen Augen sehr, sehr wichtig ist. Denn er gibt sich nur als Lügner oder Streber, wenn es nötig ist.

Der Drache/Jungfrau ist zuvorkommend, ohne jedoch seine Persönlichkeit aufzugeben. Im allgemeinen hat er ein klares Ziel, und dem gibt er gegenüber dem Gefühlsleben den Vorrang. Wenn Sie ständig kleine Zeichen von Zuneigung brauchen, gehen Sie ihm aus dem Weg. Wenn Sie unabhängig sind, auch. Er hat tatsächlich ein wenig die Neigung, alles nach seinen Prinzipien zu beherrschen, die sehr fest und wenig beweglich sind. Er kann Ecken nicht abrunden, noch weich werden, noch sich dumm stellen.

Wenn Sie im Herbst geboren sind

Drache/Waage

Der Drache/Waage strahlt wie eine Neonröhre in einer kleinen, dunklen Gasse, und das ohne allzuviel Absicht. Er wird von der Gesellschaft anerkannt, bewundert, stellt seinen Standpunkt brillant dar, ohne anderen viel zuzuhören. Ein gutes Mittel: »Halt! Jetzt bin ich dran!« zu sagen. Er wird Sie erstaunt, aber aufmerksam ansehen. Er ist auch einfühlsamer als die anderen Drachen. Seine Feinfühligkeit treibt ihn dazu, einen Mittelweg zu finden, statt sofort zu extremen Lösungen zu greifen. Diplomatisch und zu Zugeständnissen bereit, gibt er scheinbar nach, um seinen Frieden zu haben. Und geht mit einem triumphierenden, engelsgleichen Lächeln seinen eigenen Weg.

Der Drache/Waage handelt immer sehr elegant, ganz gleich, was er tut. Die Mittelmäßigkeit ist vielleicht eines der wenigen Dinge, die ihn wütend machen können. Natürlich liebt er es, geliebt zu werden. Von vielen Menschen. Er ist verführerisch, aber seine Untreue geht meist nicht viel weiter als bis zu einem Lächeln oder bis zu betörenden, leidenschaftlichen Worten. Er ist ein Eroberer mit Charme, kein Belagerer, und er neigt dazu, friedlich nach Hause zurückzukehren, wenn man ihm die Waffen abgeliefert hat ... In der Liebe wie in der Politik.

Drache/Skorpion

Achtung! Wer sich mit ihm einläßt, wird gestochen. Dieser Drache ähnelt ein wenig den tropischen Fischen, die einen schon bei der leichtesten Berührung vergiften. Nehmen Sie sich vor seinen Schuppen in acht: Streicheln Sie sie mit Handschuhen. Und widersetzen Sie sich ihm nicht zu offensichtlich (in keiner Beziehung übrigens), denn er ist giftig, wenn er beißt. Der Drache/Skorpion ist ein Individualist, absolut unabhängig, sich seiner Kraft und seiner Rolle, die er auf der Erde spielen will, sehr wohl bewußt. Am schlimmsten können Sie ihn beleidigen,

wenn Sie ihm sagen: »Sie erinnern mich an jemanden.« Denn er will aus Prinzip niemandem ähnlich sein.

Er ist sehr leidenschaftlich und hat von der Treue eine wechselnde Meinung: Er nimmt es natürlich hin, wenn man ihn bewundert, aber er bekommt Wutausbrüche, wenn man den Fehler begeht, Besitzansprüche an ihn zu stellen. Er braucht die totale sexuelle Freiheit, die zuzugestehen nicht immer leicht ist.

Dieser streitbare Drache ist sehr daran interessiert, einen Gegner aufzustöbern, der seiner würdig ist. Wenn nicht, ist sein Leben ziemlich trübsinnig, Wenn er »gegen« etwas kämpft, wird er das Gefühl haben, zu leben.

Drache/Schütze

Der begeisterungsfähigste, unternehmungslustigste und abenteuerlustigste unter den Drachen. Optimistisch und seiner selbst sicher, versteht er schwer, warum man sich ihm widersetzt, um so mehr, als er sehr großzügig ist und ernsthaft möchte, daß seine Umgebung glücklich ist. Er ist nur ein wenig tyrannisch und neigt dazu, alles zu entscheiden, für seine Familie und seine Freunde. Aber in ernsten Situationen ist er wunderbar. Rufen Sie ihn, diesen Lanzelot, und er fliegt herbei, um Ihnen zu helfen, und er tut alles, um Sie aus der unmöglichen Situation herauszuholen, in die Sie sich hineingebracht haben. Er wird es schaffen, denn er hat eine wahre Begabung für Synthese und Vereinfachung. Aber im Alltag haben Sie das Recht, ihn anstrengend zu finden. Er bestimmt alles, was gut für Sie ist und was nicht. Und obendrein hat er auch oft noch recht.

Nur die Liebe kann ihn dazu bringen, sich des anderen bewußt zu werden. Und der Drache/Schütze ist gefühlvoll und treu. Und nachdem er sich die Hörner ein wenig abgestoßen hat, wird er ein Vorbild an Treue, selbst wenn er einigen Versuchungen ausgesetzt ist. Sein Wunsch, ein gutes Beispiel zu geben, wird ihn immer retten.

Wenn Sie im Winter geboren sind

Drache/Steinbock

Der Steinbock ist das Zeichen der einsamen, beschwerlichen Aufstiege. Er hat guten Einfluß auf den Drachen, der aus dieser Verbindung Geduld und Durchhaltevermögen bekommt, was er selbst nicht immer hat. Der Ehrgeiz des Drachen/Steinbock ist grenzenlos. Macht interessiert ihn, er will sie erlangen und behalten und dann noch ein bißchen höher aufsteigen. Er wird leicht unersättlich und ist so sehr auf ein gestecktes Ziel ausgerichtet, daß er nicht sieht, was um ihn herum vorgeht. Man geht ein großes Risiko ein, wenn man sich an ihn bindet, es sei denn, man ist auf irgendeine Art unentbehrlich für ihn bei der Verwirklichung seiner materiellen Wünsche oder seines Ideals.

Der Drache/Steinbock glänzt wie ein schwarzer Diamant. Unbestechlich, rein, unangreifbar. Entmutigend!

Wenn Sie es schaffen, lange genug zu kratzen, um seine tiefverborgenen Tugenden zu entdecken, werden Sie nicht enttäuscht sein. Aber Sie werden Geduld brauchen. Nur Mut! Er ist einer der besten und treuesten Freunde, die es gibt.

Drache/Wassermann

Er ist fast so unabhängig wie der Drache/Skorpion, wenn nicht noch mehr, aber er ist weniger reizbar. Er ist im tiefsten so sehr von seiner Eigenständigkeit, von seiner »Unersetzbarkeit« überzeugt, daß Kritik und Vorwürfe von anderen ihn kaum berühren. Im übrigen ist er größer als der Durchschnitt der Menschen, wenn nicht nach Zentimetern, dann wenigstens an Geist und Ideen.

Die Macht interessiert den Drachen/Wassermann, aber ebenso die »menschliche Erfahrung«. Er verzichtet aber leicht darauf, wenn er sie einmal gemacht hat.

In der Liebe interessiert er sich leidenschaftlich für Menschen, bis er den Eindruck hat, sie zu kennen. So läßt er andere leiden, ohne es zu wollen. Er ist ein tiefliegender Drache, man

Drache/Steinbock: unangreifbar

kann ihn nicht anketten. Er ist intelligent und löst mit Leichtigkeit große Probleme, aber er zeigt sich wenig geschickt bei Routinearbeiten. Um die Wahrheit zu sagen: Er ist nicht immer sehr realistisch. Er braucht geschickte Leute, die all seine Pläne in die Tat umsetzen. Ich frage mich, ob er weiß, was eine Rechnung ist.

Klettern Sie also auf den Rücken dieses himmlischen Drachens, Sie werden eine neue Welt entdecken. Aber nehmen Sie belegte Brote mit ...

Drache/Fische

Die Sensibilität, die Fantasie und die Kreativität der Fische werden verstärkt und erhellt durch die Wärme, die der Drache freisetzt. Diese Verbindung ist sehr positiv und bringt erfinderische Menschen voller überraschender Ideen hervor, die auch in der Lage sind, daraus etwas Nützliches zu machen.

Der Drache/Fische hat viel Charme, und er versteht ihn einzusetzen. Er würde vielleicht den »Oscar« für Liebeserklärungen bekommen, so unternehmungslustig, beherzt, romantisch und verständnisvoll wie er ist. Wie kann man ihm widerstehen? Er ist ein wenig flatterhaft, denn er muß sich beweisen, daß er verführerisch ist. Zum Glück mag er anderen nicht weh tun, und wenn er andere leiden läßt, ist er sich dessen nicht bewußt.

Sehr künstlerisch veranlagt, verzettelt sich der Drache/Fische oft, so unterschiedlich sind seine Begabungen. Setzen Sie ihn auf die Schienen, und noch bevor Sie ein Wort gesagt haben, wird er sich auf der Milchstraße tummeln. Achtung! Er tut nie etwas Sinnloses. Bei ihm gilt »Alles oder nichts«.

5. Teil

DAS ASTROLOGISCHE I-GING-SPIEL

然聖人如此說、便是有此理。

問死者魂氣既散、而立主以主

些子氣在這裏否。曰、古人自始死、弔魂復魄、立重設主、便是常

I GING UND DER DRACHE

I Ging ist ein Wahrsagespiel. Sie stellen Ihre Frage und bekommen eine Antwort. Aber Sie stellen Ihre Frage als DRACHE. Das Räderwerk, der ganze Mechanismus Ihres Geistes wird sich in Bewegung setzen. Sie stellen eine DRACHEN-Frage, I Ging gibt eine DRACHEN-»Lösung«, über die Sie als DRACHE nachdenken können, bevor Sie daraus eine DRACHEN-Schlußfolgerung ziehen.

Für Sie, Meister DRACHE, hier die 64 Hexagramme des I Ging, 64 Hypothesen für den DRACHEN.

Der Spieler sitzt vor einem Hexagramm, das die »hypothetische Antwort« auf seine Frage ist, oder genauer die Verbindung der Kräfte, die sich in bezug auf die Frage oder das erwartete Ereignis bewegen.

So wird gespielt:

1. *Die Frage*

Stellen Sie eine Frage zu irgendeinem Problem der Gegenwart oder der Zukunft, das Sie persönlich betrifft. (Menschen in Ihrer Umgebung sollten das I-Ging-Spiel in dem entsprechenden Buch über ihr eigenes chinesisches Sternzeichen nachschlagen!)

2. *Die Auslosung*

Sie muß bei voller Konzentration stattfinden.

Nehmen Sie drei normale gleiche Geldmünzen, zum Beispiel drei Markstücke.

Bevor Sie anfangen, merken Sie sich dies:

Kopf = die Zahl 3
Zahl = die Zahl 2

Werfen Sie die Münzen.

Bei zwei Münzen mit Zahl und einer mit Kopf, schreiben Sie 2+2+3 auf. Das macht zusammen 7, was Sie durch eine gerade Linie ——— darstellen.

Dieselbe Linie, wenn Sie dreimal Kopf geworfen haben (3 + 3 + 3 = 9).

Bei zweimal Kopf und einmal Zahl (3+3+2 = 8) oder dreimal Zahl (2 + 2 + 2 =6) zeichnen Sie zwei getrennte Linien — —

Zusammenfassung: 7 und 9 entsprechen ——— (Yin)
6 und 8 entsprechen — — (Yang)

Wiederholen Sie diesen Vorgang sechsmal, und zeichnen Sie dabei jedesmal die Linienkombination auf. Dabei gehen Sie von der ersten bis zur sechsten Figur von unten nach oben vor.

Das **Endergebnis** ist eine untere Dreierkombination (Beispiel: ☲) und eine obere Dreierkombination (Beispiel: ☵), die zusammen ein **I-Ging-Hexagramm** ergeben, in unserem Beispiel:

Sie brauchen nur noch die dazugehörige Zahl in der Übersicht (S. 124 f.) nachzuschlagen und dann die Übersicht der Hexagramme nach der Antwort zu befragen..In unserem Fall trägt das Hexagramm die Nummer 63.

Übersicht über die Hexagramme

Dreier-kombination	oben ☰	☷	☳
unten			
☰	1	11	34
☷	12	2	16
☳	25	24	51
☵	6	7	40
☶	33	15	62
☴	44	46	32
☲	13	36	55
☱	10	19	54

Benutzen Sie diese Übersicht, um die Hexagramme zu finden. Am Schnittpunkt der unteren und der oberen Dreier-

oben

☵	☶	☴	☲	☱
5	26	9	14	43
8	23	20	35	45
3	27	42	21	17
29	4	59	64	47
39	52	53	56	31
48	18	57	50	28
63	22	37	30	49
60	41	61	38	58

kombination finden Sie die Nummer des Hexagramms, die Sie brauchen.

DIE HEXAGRAMME DES DRACHEN

K'IEN

1 

Der Schöpferische. Energie, Kraft, Wille, Geist. Schaffenskraft. Energie und Kraft werden dem Drachen keinesfalls fehlen. Auf alle Fälle fordert schöpferisches Tun Einfühlsamkeit und Sensibilität. Runden Sie daher die Ecken und Ihre Pfeilspitzen ab.

K'OUEN

2 

Der Empfängliche. Die Mutter Erde, auf der Sie gehen, ist das Symbol der Gelehrsamkeit. Das Wasser, das Feuer, das Holz und das Metall sind Ihre Werkzeuge; selbst der himmlische Drache wird nicht darum herumkommen nachzudenken ...

TCHOUEN

3 

Die Grundschwierigkeit. Forschen Sie, und Sie werden den Grund für die Schwierigkeiten finden, das Stroh im Getreide.

MONG

4 

Der jugendliche Übermut. Selbst wenn man die Gefahr nicht beachtet, ist sie damit nicht aus der Welt geschaffen ... Hüten Sie sich vor Ihrem impulsiven Handeln, tun Sie nichts ohne nachzudenken.

SU

5 

Das Warten ... ist schmerzhaft, aber nach dem Regen scheint die Sonne um so mehr zu wärmen. Ein wenig Geduld wäre gut für Sie.

SONG

6  *Der Konflikt.* Manchmal ist er unausweichlich, aber man muß wissen, im richtigen Moment die guten Prinzipien und die Unnachgiebigkeit einzusetzen.

SZE

7  *Die Armee.* Der Drache wird sich ein wenig eingeengt fühlen durch den Rahmen einer gemeinschaftlichen Disziplin. Aber in seinem Fall ist die Unterwerfung nur äußerlich.

PI

8  *Die Solidarität.* »Einigkeit macht stark«, man muß daran glauben. Unterschätzen Sie nicht die Hilfe, die andere Ihnen anbieten wollen.

SIAO TCH'OU

9  *Die Macht, das Kleine zu zähmen.* Hier ist der Augenblick gekommen, Ihren Eroberungsgeist und Ihre Hast aufzugeben. Wenn Sie auf der ersten Sprosse der Leiter beginnen, kommen Sie auch auf die letzte.

LI

10  *Der Marsch.* »Marschieren Sie am Schwanzende des Tigers, dann beißt er den Menschen nicht.« Sie glauben an Ihr Glück? Also marschieren Sie los, ohne sich um die Hindernisse zu kümmern.

TAI

11  *Der Friede oder die Harmonie der Gegensätze.* Zustand der Verwirrung, der Unfähigkeit, sich mitzuteilen. Versuchen Sie nicht, die Scherben zu kitten, die Vase ist zerbrochen. Nehmen Sie eine andere oder pflanzen Sie Ihre Blumen in die Erde.

P'I

12 *Die Stagnation.* Behalten Sie den Siedepunkt unter Kontrolle, sträuben Sie keinesfalls Ihre Schuppen, atmen Sie tief durch, betreiben Sie Yoga oder meditieren Sie, Sie werden ein andermal zum Angriff übergehen …

T'ONG JEN

13 *Die Gemeinschaft mit den Menschen.* Der unverletzbare Drache muß seine felsigen Gipfel verlassen können. Bestimmte Kämpfe auf dem Boden sind genauso aufregend wie die Schlachten, die man sich auf den Bergspitzen liefert.

TA YEOU

14 *Das große Haben.* Sie haben einen guten Stern, Sie haben Glück. Es reicht nicht, dies zu wissen, man muß daran glauben und es nutzen. Ein gutes Handwerkszeug macht nicht unbedingt gleich auch einen guten Handwerker.

K'IEN

15 *Die Demut.* Auf der Suche nach einem friedlichen Horizont ist es für einen Drachen, der Feuer und Flamme ist, schwierig, auf einer stabilen Ebene zu bleiben. Das schlafende Wasser ist die Kraft, aber seine Neigungen treiben ihn kaum dorthin.

YU

16 *Die Begeisterung.* Der Drache ist ein Enthusiast und spontan. Er liebt es zu nehmen. Er wird lernen müssen, mit derselben Wärme zu geben.

SOVEI

17 *Die Abfolge.* Nach den Blumen die Kränze, nach den Sträußen die duftenden Garben, Sie werden überschüttet … Streuen Sie nicht mehr davon,

oder Sie riskieren, Kopfschmerzen zu bekommen …

KOU

18 

Die Arbeit an dem, der schlecht ist. Mühen Sie sich nicht ab, den Riß in der Mauer ihres Nachbarn aufzudecken, solange Ihre brüchig ist.

LIN

19 

Die Annäherung. Beweisen Sie Nachsicht gegenüber denen, deren Kraft an Ihre nicht heranreicht, gehen Sie auf sie zu und schenken Sie ihnen Vertrauen.

KOUAN

20 

Die Kontemplation. Sie sind die Gipfel gewohnt, aber wenn Sie Nabelschau halten wollen, können Sie das auch im Untergeschoß tun, das Ergebnis wird dasselbe sein …

CHE HO

21 

Die Fehler angehen oder Der Kriminalprozeß. Der Drache kann drauflos gehen, jetzt ist der Moment. Zeigen Sie Ihre Krallen und Flammen, um ein Exempel zu statuieren; benutzen Sie die Autorität, jetzt ist es nötig.

PI

22 

Die Anmut. Auch das, was mit Blumen gesagt wird, ist ausgesprochen, täuschen Sie sich nicht. Und nehmen Sie nicht den Honigbonbon an, wenn Sie wissen, daß er voll Gift ist.

PO

23 

Der Knall. Es wird nötig sein, die Situation zu bereinigen, halten Sie sich an das Offensichtliche: Das Gebäude wird überall rissig.

FOU

24  *Die Rückkehr.* Kommen Sie aus Ihrer Grotte, aus Ihrem Loch hervor, der Sturm ist vorbei, die Krise auch.

WOU WANG

25  *Die Unschuld.* Vertrauen Sie Ihrer Eingebung, aber benutzen Sie sie nicht, um Ihrem Nachbarn Ihre Weisheiten an den Kopf zu werfen, als seien sie absolute Wahrheiten.

TA TCH'OU

26  *Die Macht, das Große zu zähmen.* Macht und Kraft. Hüten Sie sich auf jeden Fall vor der Verhärtung, schlafen Sie nicht auf Ihren Lorbeeren ein. Man erwartet von Ihnen Verantwortung und Fachkenntnisse.

YI

27  *Die Mundwinkel.* Materielle und geistige Nahrung. Sie neigen zur Gefräßigkeit, sie wird Ihren Hunger nicht stillen und wird weder Ihren Körper noch Ihren Geist befriedigen.

TA KOUO

28  *Die Überlegenheit des Großen.* Laden Sie sich nicht zuviel auf Ihre Schultern, weder moralisch noch körperlich. Ein überladener Esel ist vielleicht ein guter Esel, aber er ist nur ein Esel …

KAN

29  *Das Unergründliche, das Wasser.* Gehen Sie nicht von Ihrem Weg ab, lassen Sie sich nicht abbringen, nicht entmutigen. Seien Sie unerschütterlich.

LI

30 ䷝ *Was sich verbindet, das Feuer.* Verschwenden Sie Ihre Energien nicht unnütz, der Zorn ist nur eine Vorspiegelung von Kraft. Schaffen Sie feste Bindungen, aber verfangen Sie sich nicht mit den Füßen im Seil.

HIEN

31 ䷞ *Der Einfluß (der Heiratsantrag).* Seien Sie Opportunist, nutzen Sie die Gelegenheit, die sich Ihnen bietet – Zusammentreffen, Verbindung. Spielen Sie sich nicht auf, auch wenn Sie es liebend gern täten, es ist nicht der Tag dafür.

HONG

32 ䷟ *Die Dauer.* Zögern Sie nicht, sich in Frage zu stellen; das ist bei Ihnen vielleicht nicht üblich, und Sie können es doch so gut bei anderen.

TCHOUEN

33 ䷠ *Der Rückzug.* Sie werden jetzt oder nie zum Einsiedler, aber tun Sie es nicht, damit man Sie bemitleidet. Sie sind in der Lage, gut zu leben – und ganz allein!

TA TCH'OUANG

34 ䷡ *Die Macht des Großen.* Kraft, Bewegung, Energie – lernen Sie, dies unter Kontrolle zu halten, sonst marschieren Sie direkt in die Katastrophe. Bevor Sie im Nebel drauflosstürmen, hören Sie den Wetterbericht.

TSIN

35 ䷢ *Der Fortschritt.* Sie, der Sie ein himmlischer Drache sind, wenn man Ihnen die Milchstraße anbietet, fordern Sie nicht auch noch den Mond.

MING YI

36  *Die Verfinsterung des Lichts.* Wenn das Dunkel draußen ist, ist es unnütz, die weiße Flagge zu hissen und S. O. S. zu funken. Sie müssen sich nur auf sich selbst verlassen. Und wenn das Dunkel innen ist, suchen Sie nach den Schatten, die Ihr Wesen verdunkeln.

KIA JEN

37  *Die Familie.* Wenn sie manchmal einengend ist, so gibt sie auch Sicherheit. Das müssen Sie selbst beurteilen.

K'OUEI

38  *Der Gegensatz.* Obwohl Sie kaum zu der toleranten Sorte Mensch gehören, müssen Sie die Geschmacksrichtungen und die Farben der anderen akzeptieren. Ihre eigene Freiheit hört bei der von anderen Menschen auf.

KIEN

39  *Das Hindernis.* Beharren Sie nicht darauf, sich auf eine Betonwand zu stürzen, obwohl man Ihnen eine Leiter gibt ... oder lernen Sie dann besser Stabhochsprung.

HIAI

40  *Die Befreiung.* Machen Sie großen Frühjahrsputz, werfen Sie die alten Sachen fort, mit denen Ihr Leben vollgestopft ist. Genießen Sie ganz einfach den Augenblick.

SOUEN

41  *Die Verkleinerung.* Die Zeiten sind hart, sogar für die Drachen, die Freunde der Pracht und des Glanzes. Entdecken Sie die Poesie der Kerzen wieder, die Einfachheit und die Ernsthaftigkeit.

YI

42 

Die Vermehrung. Periode der Entfaltung, mildes Wetter ... Nutzen Sie das beständige Schönwetter ... aber nehmen Sie sich in acht vor einem Sonnenbrand.

KOUAI

43 

Der Durchbruch. Eine ideale Situation für einen Drachen, gehen Sie kraftvoll voran und lehnen Sie Kompromisse ab, verschaffen Sie sich Ellbogenfreiheit, erheben Sie Ihre Stimme, wenn es Ihnen nötig erscheint.

KEOU

44 

Zur Begegnung kommen. Hüten Sie sich vor den schlafenden Wassern, an ihrer tiefsten Stelle brodeln sie und könnten Sie leicht herabziehen. Lehnen Sie eine Verbindung mit einem konfusen, ängstlichen Menschen ab, er würde Ihre Freiheit einschränken.

TS'OUEI

45 

Die Versammlung. Kann von Vorteil sein, wenn die Bindungen schon bestehen, aber hüten Sie sich vor heimtückischen Eingebungen.

CHENG

46 

Der Drang nach oben. Sie werden Ihre Methode und Ihre Fachkenntnisse unter Beweis stellen können. Akzeptieren Sie Ihre Verantwortung, kümmern Sie sich um die kleinen Einzelheiten, wie Sie es gern machen, aber fügen Sie nichts hinzu.

K'OUEN

47 ䷮ *Die Niedergeschlagenheit.* Sie sind leider weniger überzeugend, und Ihre Spannung ist auch am Tiefpunkt. Analysieren Sie die Lage, seien Sie klarsichtig und praktizieren Sie einen Pessimismus – der aktiv ist.

TSING

48 ䷯ *Der Brunnen.* Bringen Sie die lebenswichtigen Strukturen nicht durcheinander. Ihr Wunsch zu verwandeln, zu ändern, darf nicht zerstörerisch sein. Es gibt lebenswichtige Notwendigkeiten, die der Mensch nicht antasten darf.

KO

49 ䷰ *Die Revolution.* Es liegt Streit in der Luft, Sie sind allzeit bereit, sei's drum. Aber spielen Sie nicht Pfadfinder.

TING

50 ䷱ *Der Kessel.* Stärken Sie Ihre Position, aber vergessen Sie nicht, sich der Bedürfnisse der anderen bewußt zu sein.

TCHEN

51 ䷲ *Der Erwecker, die Erschütterung, der Donner.* Die Luft ist elektrisiert, die Beweise sind am Horizont und dicke Wolken über Ihrem Kopf. Ohne Genaueres zu sagen – es wird nötig sein, sich zu wehren.

KEN

52 ䷳ *Die Unbeweglichkeit.* Suchen Sie die Einsamkeit Ihrer Grotte oder Ihres Felsengipfels. Nach dem Sturm werden Ihnen Ruhe, Einsamkeit und Meditation gut bekommen.

TSIEN

53 *Der schrittweise Fortschritt.* Man muß erst durch den Lieferanteneingang eintreten, bevor man Zugang durch das Ehrentor bekommt. Wenn Sie das bedrückt, kaufen Sie sich einen kleinen roten Teppich und entrollen Sie ihn – heimlich.

KOUEI MEI

54 *Die Braut.* Seien Sie wachsam und denken Sie nach, bevor Sie sich binden.

55 **FONG**

Der Überfluß. Geistige und moralische Fülle. Nutzen Sie sie, der Weg ändert sich. Das muß mit demselben Ernst hingenommen werden.

LIU

56 *Der Reisende.* Wenden Sie sich der Weite zu, entdecken Sie unbekannte Horizonte, neue Perspektiven. Aber gehen Sie nicht systematisch bei der Eroberung vor.

SOUEN

57 *Das Sanfte.* Unnütz, die Erde zum Beben zu bringen, Feuer zu spucken. Nutzen Sie die Sanftheit, die Geduld, zeigen Sie Beharrlichkeit ohne Verbissenheit, Sie werden davon Vorteile haben.

TOUEI

58 *Das Heitere, das Fröhliche, der See.* Und wenn Sie mal ein Auge auf Ihresgleichen werfen würden, ganz einfach so – eine bemerkenswerte Sache, daß Sie keineswegs allein auf der Welt sind.

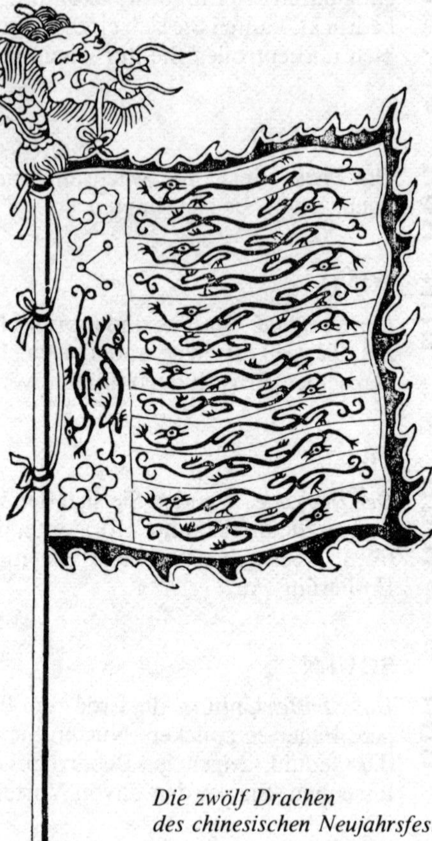

Die zwölf Drachen
des chinesischen Neujahrsfestes

HOUAN

59 ䷺ *Die Auflösung.* Überwinden Sie Ihren Egoismus, er erstickt Sie und läßt Sie sich im Kreis drehen. Achtung! Sie treten sich selbst auf den Schwanz!

TSIE

60 ䷻ *Die Begrenzung.* Kann für Sie von Vorteil sein, denn Sie neigen dazu, zuviel zu tun. Seien Sie nicht so maßlos sich selbst gegenüber, Sie sind es schon bei anderen.

TCHONG FOU

61 ䷼ *Die innere Wahrheit.* Wenn Sie das Bedürfnis haben zu überzeugen, stellen Sie sich die Frage: »Ist das wirklich die Wahrheit?« Gehen Sie über zum Handeln und sparen Sie die schönen Worte für eine andere Gelegenheit auf.

SIAO KOUO

62 ䷽ *Das Übergewicht des Kleinen.* Wenn Sie nicht auf einem Ozean navigieren können, schippern Sie auf einem See ...

KI TSI

63 ䷾ *Nach der Vollendung.* Streben Sie nicht zu ungeduldig nach dem Gipfel, nehmen Sie sich die Zeit, den Aufstieg zu genießen. Am Ziel angekommen, muß man den Abstieg ins Auge fassen, der oft schwieriger ist als der Aufstieg.

WEI TSI

64 ䷿ *Vor der Vollendung.* Oder die Haut des Drachen nicht verkaufen, bevor sie erobert ist. Rühmen Sie sich nicht der Dinge, die Sie noch nicht ganz und gar vollendet haben.

Übersicht über die Jahre, die zu den chinesischen Zeichen gehören

Die Ratte	Der Büffel	Der Tiger
31.1.1900/18.2.1901	19.2.1901/ 7.2.1902	8.2.1902/28.1.1903
18.2.1912/ 5.2.1913	6.2.1913/25.1.1914	26.1.1914/13.2.1915
5.2.1924/24.1.1925	25.1.1925/12.2.1926	13.2.1926/ 1.2.1927
24.1.1936/10.2.1937	11.2.1937/30.1.1938	31.1.1938/18.2.1939
10.2.1948/28.1.1949	29.1.1949/16.2.1950	17.2.1950/ 5.2.1951
28.1.1960/14.2.1961	15.2.1961/ 4.2.1962	5.2.1962/24.1.1963
15.2.1972/ 2.2.1973	3.2.1973/22.1.1974	23.1.1974/10.2.1975
2.2.1984/19.2.1985	20.2.1985/ 8.2.1986	9.2.1986/28.1.1987

Die Katze	Der Drache	Die Schlange
29.1.1903/15.2.1904	16.2.1904/ 3.2.1905	4.2.1905/24.1.1906
14.2.1915/ 2.2.1916	3.2.1916/22.1.1917	23.1.1917/10.2.1918
2.2.1927/22.1.1928	23.1.1928/ 9.2.1929	10.2.1929/29.1.1930
19.2.1939/ 7.2.1940	8.2.1940/26.1.1941	27.1.1941/14.2.1942
6.2.1951/26.1.1952	27.1.1952/13.2.1953	14.2.1953/ 2.2.1954
25.1.1963/12.2.1964	13.2.1964/ 1.2.1965	2.2.1965/20.1.1966
11.2.1975/30.1.1976	31.1.1976/17.2.1977	18.2.1977/ 6.2.1978
29.1.1987/16.2.1988	17.2.1988/ 5.2.1989	6.2.1989/26.1.1990

Das Pferd	Die Ziege	Der Affe
25.1.1906/12.2.1907	13.2.1907/ 1.2.1908	2.2.1908/21.1.1909
11.2.1918/31.1.1919	1.2.1919/19.2.1920	20.2.1920/ 7.2.1921
30.1.1930/16.2.1931	17.2.1931/ 5.2.1932	6.2.1932/25.1.1933
15.2.1942/ 4.2.1943	5.2.1943/24.1.1944	25.1.1944/12.2.1945
3.2.1954/23.1.1955	24.1.1955/11.2.1956	12.2.1956/30.1.1957
21.1.1966/ 8.2.1967	9.2.1967/28.1.1968	29.1.1968/16.2.1969
7.2.1978/27.1.1979	28.1.1979/15.2.1980	16.2.1980/ 4.2.1981
27.1.1990/14.2.1991	15.2.1991/ 3.2.1992	4.2.1992/22.1.1993

Der Hahn	Der Hund	Das Schwein
22.1.1909/ 9.2.1910	10.2.1910/29.1.1911	30.1.1911/17.2.1912
8.2.1921/27.1.1922	28.1.1922/15.2.1923	16.2.1923/ 4.2.1924
26.1.1933/13.2.1934	14.2.1934/ 3.2.1935	4.2.1935/23.1.1936
13.2.1945/ 1.2.1946	2.2.1946/21.1.1947	22.1.1947/ 9.2.1948
31.1.1957/15.2.1958	16.2.1958/ 7.2.1959	8.2.1959/27.1.1960
17.2.1969/ 5.2.1970	6.2.1970/26.1.1971	27.1.1971/14.2.1972
5.2.1981/24.1.1982	25.1.1982/12.2.1983	13.2.1983/ 1.2.1984
23.1.1993/ 9.2.1994	10.2.1994/30.1.1995	31.1.1995/17.2.1996

Die angegebenen Daten beziehen sich auf den *ersten* und den *letzten Tag* im Jahr des betreffenden Zeichens.

BIBLIOGRAPHIE

Catherine Aubier, ASTROLOGIE CHINOISE (M. A. Editions)

Paula Delsol, HOROSCOPES CHINOIS (Mercure de France)

Xavier Frigara und Helen Li, TRADITION ASTROLOGIQUE CHINOISE (Dangles)

Jean-Michel de Kermadec, LES HUIT SIGNES DE VOTRE DESTIN (L'Asiathèque)

Suzanne White, L'ASTROLOGIE CHINOISE (Tchou)

I Ging:

LE LIVRE DES MUTATIONS (Editions Médicis)

Dominique Devic, LE YI-KING (L'Autre Monde, Nr. 16)